本书系 2018 年山东省社会科学规划研究一般项目"基于 ERP 证据的工作记忆与二语句子理解关系研究"(项目批准号:18CYYJ05)的成果。同时,本书得到 2021 年青岛科技大学国内访问学者项目的经费资助。

工作记忆与二语句子理解的 ERP 实证研究

徐 方 尹洪山 著

中国海洋大学出版社

· 青岛 ·

图书在版编目(CIP)数据

工作记忆与二语句子理解的 ERP 实证研究 / 徐方,尹洪山著 . -- 青岛:中国海洋大学出版社,2022. 12

ISBN 978-7-5670-3346-7

Ⅰ. ①工… Ⅱ. ①徐… ②尹… Ⅲ. ①第二语言－句法－研究 Ⅳ. ①H003

中国版本图书馆 CIP 数据核字(2022)第 231383 号

出版发行	中国海洋大学出版社		
社 址	青岛市香港东路 23 号	**邮政编码**	266071
出 版 人	刘文菁		
网 址	http://pub.ouc.edu.cn		
订购电话	0532－82032573(传真)		
责任编辑	林婷婷	**电 话**	0532－85902533
印 制	日照日报印务中心		
版 次	2022 年 12 月第 1 版		
印 次	2022 年 12 月第 1 次印刷		
成品尺寸	170 mm ×240 mm		
印 张	9.25		
字 数	200 千		
印 数	1～1 000		
定 价	45.00 元		

内容摘要

　　每个人的大脑在计算短语、句子和语篇中单词间的句法、语义和题元关系的容量方面都存在着差异。本族语的阅读理解已观察到显著个体差异，此变量一直与单词识别技能、工作记忆容量、领域知识和文本输入的特征相关。然而，我们对于二语学习者的基本认知容量如何有助于句子理解却知之甚少。

　　本研究复制并改编了 Nakano et al.（2010）的实验。在当前的研究中，我们探究二语学习者的工作记忆广度的差异是否会影响句子理解中题元关系的实时理解，即影响简单、主动英语句子中题元关系的实时理解。题元角色指派（谁对谁做了什么）要求对句法、语义和世界知识信息进行迅速组合。例如，下面三个句子：

　　（1）The dog is biting the milkman. —（control condition）控制条件。

　　（2）The cook is biting the milkman. —（world-knowledge violation condition）世界知识违反条件。

　　（3）The cup is biting the milkman. —（animacy violation condition）生命性违反条件。

　　这三个句子都有一个简单、主动、无歧义结构，并且是按英语语言中规范的（SVO）主语—动词—宾语顺序排列，但是介于动词和前置主语论元之间概念关系的合理性发生了变化。在例句（1）中，主语名词"dog"是动词"bite"的完全合法施事者，狗咬牛奶工的行为是一个合理事件。例句（2）违反了世界知识，尽管厨师可以咬牛奶工，但这样的事件与我们对世界的共识不符。例句（3）违反了生命性，这是因为句法理解产生了基于单词种类信息（名词—动词—名词）的（SVO）主语—动词—宾语结构，但语义处理与这个结构不一致，这就出现了题元理解问题,因为句子的主语不能充当动词行为的施事者。

我们观察到二语高和低广度被试在题元理解过程中,在线运用生命性而不是世界知识信息存在着质的差异。这说明提取和综合与主语名词的生命性信息相关的组合信息比提取词汇—语义的世界知识信息需要更多的理解资源。

目 录

1

第一章 文献回顾

1.1 工作记忆

1.1.1 工作记忆的定义

人类认知的许多现代理论描述一种单一的体系,此体系致力于暂时地理解、维持与当前任务相关的信息,即工作记忆体系。工作记忆指的是面对干扰信息时,负责控制、管理和积极保存信息的认知体系(Conway et al.,2007)。许多理论模式描述了工作记忆的操作,它的功能在各个模式中是相似的:它命令、储存和管理即时感觉信息,直到它们能被恰当地综合进必须整合数据的认知过程。理想的工作记忆功能会增加回忆的准确性和工作记忆中的信息被提取的速度。一些研究者提出语言理解中存在不同种类的工作记忆(如句法和总的工作记忆(Caplan & Waters,1999)),而其他学者把工作记忆看作统一的认知成分(Just & Carpenter,1992)。

工作记忆是一种在不同认知任务中保存并同时操纵可获得信息的认知系统(Baddeley,2003b)。对于此系统的限制(limitations)如何影响语言,研究者们观点不一。Just & Carpenter(1992)认为言语工作记忆容量有限,需要储存正被理解的语言信息。因此,句子复杂性或长度的增加可以影响句子理解,因为特征束或块(feature bundle or chunk)(如对信息语言成分的部分表征(Lewis et al.,2006)会在工作记忆中衰退(decay))。然而,其他研究者认为每一种语言理解过程得到不同工作记忆资源的支持,可以阻止信息的衰退(Waters &

Caplan, 1996; Jackendoff, 2002）。Caplan & Waters（1999）和 Caplan, Alpers & Waters（1998）对中央和模块语言理解过程进行了区分。Just & Carpenter（1992）提出单一的、统一体系是整个理论过程，包括句法、语义以及语用方面，而 Caplan & Waters（1999）持不同观点，他们提出两个分开的体系，一个是模块化的、自动方面的语言理解过程（被称为解释性的），一个是中央的、控制性的理解过程（被称为后解释性的）。模块的／解释性的理解过程包括结构建构以及题元角色委派，句法和角色指派在解释性工作记忆中执行理解过程，而利用世界知识发生在后解释性工作记忆中。区分这两种工作记忆的一个重要方式与复杂性相关，特别是 Caplan & Waters（1999）认为句法复杂性影响解释性工作记忆的理解，而后解释性工作记忆会受到非句法复杂性的影响。

　　Waters & Caplan（1995, 1996）认为阅读广度、额外的负荷和理解句法结构并没有利用相同的资源库。并且，他们从实证和理论方面质疑了单一资源假说。此评论产生的大量辩论集中探讨的是构成语言理解基础的言语工作记忆资源的特性（Caplan & Waters, 1995; Waters & Caplan, 1996a, 1996b, 1996c; Just, Carpenter & Keller, 1996; Miyake, Carpenter & Just, 1995）。另一方面，Waters & Caplan（1996c: 770-771）提出了两种分开的语言资源：一种是更自动的言语理解，而另一种是更加具有控制性的言语理解。第一种资源指的是"心理语言学资源库"。利用此资源库的理解过程是所有强制性地（自动地）遵循句子输入（如声学—语音转换、词汇通达、句法分析、题元角色委派和信息结构）的所有操作。句法复杂句比句法简单句对此资源需求更高，但对控制言语理解的资源库的需求是相同的。失语症患者的此"自动"资源是减少的。另一方面，控制言语任务，如当言语推理或在语义记忆刻意搜寻一条信息时，阅读者会使用第二种资源库。低广度阅读者和阿尔兹海默病患者比高广度阅读者具有更少的容量。但对于"自动的"资源类型，并不存在差异。并且，额外负荷仅对"控制性的"资源库产生更高的需求。

　　Waters & Caplan（1996c）认为 Just & Carpenter（1992）的单一言语资源理论通过在相同实验中操纵三项（句法复杂性、额外的负荷和广度）可以在实验上与他们的分开资源理论区别开来，即两个理论对额外的负荷和广度差异对句法理解的影响做出了不同的预测。简而言之，单一言语资源理论预测，句法理解在额外的高工作记忆负荷下更难，尤其是低广度阅读者；而分开的资源理论预测,句法理解应该不受负荷和广度差异的影响。两种理论预测句法复杂性对理解有消极影响。

1.1.1.1 Baddeley 的多成分模式

工作记忆系统由三部分组成,即① 一个中央执行系统控制着另外两个子系统;② 语音环,信息在工作记忆中以语音(声学)的形式编码;③ 视觉空间模板,信息在工作记忆中以视觉形式编码(见图 1-1)。Baddeley 的模型由两个短时维持信息的材料——特异暂时存储组成:对物体和位置信息的视觉空间模板、对言语材料的语音环——受到中央执行系统的控制。Baddeley 的模型描述了工作记忆内所执行的内容(见图 1-2)。

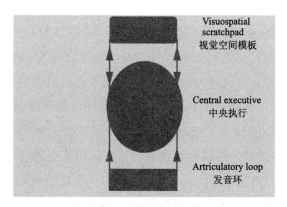

图 1-1 Baddeley & Hitch 的工作记忆模型的精简表示(Baddeley & Hitch,1974)

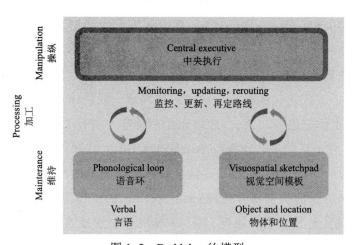

图 1-2 Baddeley 的模型

Baddeley 的重要多成分模式把工作记忆的概念分成两种可分开的体系:

一个与短时记忆类似的、以储存为基础的系统(从属系统)和一个控制从属系统和长时记忆储存之间信息的执行、注意系统(Baddeley, 1986; Baddeley & Hitch, 1974)。将工作记忆理解为计算场所首先由 Baddeley & Hitch (1974; Baddeley, 1986; Hitch & Baddeley, 1976)提出,他们构建了理解中存储和理解的各个方面相互竞争的任务。他们发现,当听者不得不编码一些数字再回述时,听者迅速正确理解单个单词的能力降低。存储和理解之间相互交换的关系说明两种功能正利用共同的资源库。因此,概念和实证理由在一个单一系统内表达工作记忆的双角色。

工作记忆传统上按两种不同的子系统或成分来讨论:视觉—空间工作记忆,在空间域表征、操纵和主要保存信息;言语工作记忆,管理言语—传递的表征和理解(Baddeley & Hitch, 1974; Baddeley & Logie, 1999)。文献中辩论的主题涉及言语工作记忆是否可以进一步划分为两个子成分(或资源库,resource pool)。一些研究者支持这种再分,而其他研究者认为语言和非语言的(但仍然是言语促成的)任务依赖于工作记忆资源的单一资源库(Fedorenko, Gibson & Rohde, 2007; MacDonald & Christiansen, 2002)。尽管人类信息理解的理论非常重要,但是这种类别一般性和特殊性的论点超出了当前讨论的范围。

工作记忆也可以被划分为两个主要成分。一个是语音短时记忆,通常由按照确切的顺序重复一系列数字、单词或者无意义音节的能力测量(Baddeley et al., 1998)。语音短时记忆的作用对于更低水平的双语者来说更大些(Juffs & Harrington, 2011)。语音短时记忆一直被认为是二语学能的重要影响因素(Hummel, 2009)。第二部分是储存和理解能力,即中央执行(CE)。对此容量最经典的测量是 Daneman & Carpenter (1980)的阅读广度任务(Reading Span Task, RST)。工作记忆的执行控制成分是领域一般性体系(Baddeley, 2007)。执行控制(工作记忆)和(语音)短时记忆两种能力解释了二语结果的个体差异。根据工作记忆的多成分模式(Baddeley & Hitch, 1974),此差异归因于工作记忆体系内的语音环的运行,即理解或操纵言语内容的技能(facility)会受到专用于言语信息的类别特异性(domain specific)的工作记忆成分的驱使。然而,工作记忆(尤其是中央执行)是一种操纵独立于语言以外的类别一般性(domain-general)的能力(Engle et al., 1999a)。

（1）语音环（phonological loop）

• 语音环的神经学解剖基础

神经成像研究支持可分开的储存和复述体系的假设，布罗德曼区 44 是与储存相联系的皮层区，而默读复述（subvocal rehearsal）与布罗卡区（布罗德曼区 6 和 40）相联系。在两种情况下，激活主要在大脑的左半球，尽管一些建议认为，在特别苛求的条件下，右半球存在类似的活动。

• 语音环的机能意义

语音环便利了语言习得，并有助于学习新单词；语音环的损坏也会破坏外语学习（Baddeley，2003a）。Service（1992）调查儿童二语习得表明：具备好的即时言语记忆的儿童比低工作记忆广度儿童更擅长语言学习，不仅仅是词汇测量，而且是句法习得测量。就成年人（Gathercole et al.，1999）和儿童（Service，1992）的词汇和句法来说，成年二语学习者已发现了相似的结果。词汇量丰富的儿童可以运用丰富的词汇量帮助习得新单词，因此好的语音记忆便利了词汇习得。

• 语音环和行为的控制

从一种认知操作转换到另一种容量研究（Baddeley，Chincotta & Adlam，2001）发现了语音环在行动控制（action control）中的重要角色。默读（subvocalization）是维持成年人策略控制的共同机制，例如，压力重的天气环境下在不熟悉的道路上驾驶，默读保存下一个转弯的数字和方向会是简单但很有效果的策略。如 Miyake & Shah（1999）所说，语音环可用于语言习得的从属系统，尽管我们最初仅仅是尝试来调查它在行动控制中的作用。

（2）视觉空间模板（visuospatial sketchpad）

工作记忆的子系统的职责是把空间、视觉和动觉（kinesthetic）信息整合进暂时储存和操纵的统一表征中。维持和操纵具有视觉、空间特性信息的认知容量和能力在语言理解中扮演着重要角色。

（3）中央执行系统（central executive system）

工作记忆系统本身包括中央执行系统和两个功能子系统。中央执行功能体现了对工作记忆的两个结构性子系统的控制和协调。中央执行系统被认为是工作记忆系统的核心，因此也是联系工作记忆系统与一般流体智力的纽带，其功能体现在控制性注意上（Engle et al.，1999b）。此系统对工作记忆的注意控制负责。中央执行系统不仅仅依赖于额叶(Stuss & Knight, 2002),它分为许多执行子过程(Shallice, 2002),执行过程是决定工作记忆广度中个体差异的一个主要因素(Daneman & Carpenter, 1980)。

研究者们对于将中央执行工作记忆应用于句子理解的研究存在着分歧。争论集中于工作记忆是否是类别一般性容量(Just et al., 1996)或者分开的工作记忆是否存在着并服务于特定的领域,例如,句法理解,尤其是局部歧义消解(local ambiguity resolution)与篇章层面的整合和理解(Waters & Caplan, 1996a, 1996b)。工作记忆的结构理论,例如,Baddeley(1986, 2001; Baddeley & Hitch, 1974)的非常流行的理论,把中央执行系统描述为:负责把注意分配给类别特异性的储存缓冲器(与被积极保存在大脑中的、对心理表征起贮藏室功能的短时记忆成分相似,并且负责更广泛地控制分配、集中和管理注意力)的有限资源注意系统(Cowan, 2001)。对工作记忆的推断观点把储存和注意要素看作一种体系的特性(MacDonald & Christiansen, 2002),把中央执行系统看作在长时记忆内控制激活。

工作记忆的执行控制成分(由复杂广度任务来测量)比储存成分(由简单广度任务来测量)(显示出减弱但仍然显著的正相关/正效应)与二语结果更显著相关(Linck et al., 2014)。

关于执行功能的数量和性质,迄今最具影响力的一个框架是由 Miyake et al.(2000)提出,表明了三个非常显著的功能 —— 更新(updating)、转变(shifting)和抑制(inhibition)—— 是相关但独立的理解。但是,除此框架以外,我们对工作记忆和执行功能的统一性和多样性知之甚少,即这些概念如何相关,这些技能如何在一语和二语域中运行。简而言之,我们并不知道哪一种执行功能对二语理解和产出更为重要。

Shipstead et al.(2013)使用结构方程模型(structural equation model)来测试工作记忆的统一性和多样性以及四种执行功能(记忆更新(memory update)、注意控制(attention control)、预期记忆(prospective memory)和言语流利(verbal fluency))。令人惊讶的是,他们发现与工作记忆(记忆更新和注意控制)中的个体差异高度相关的执行功能并没有调解工作记忆和一般流体智力之间的关系,但对所有执行功能共有的变化确实部分地调解了关系。这些发现强调了工作记忆中的变化超过了仅仅是执行功能中的变化。

Shipstead et al.（2013）把这些结果延伸到一语域。他们使用结构方程模型来把这四种执行功能与言语推理和多种类型阅读理解相联系，包括普通的理解和阅读者误入歧义（例如，花园小径句）的理解。执行功能记忆更新充分调解工作记忆和普通段落理解之间的关系，并且注意控制和言语流利功能对于理解更歧义的花园小径材料至关重要。但是，Shipstead et al.（2013）并没有发现执行功能调解工作记忆和言语推理能力之间关系的证据，与他们对工作记忆和一般流体智力（例如，推理）能力的发现相一致。

需要更多的研究来说明工作记忆中哪一种变化是由于执行功能，哪一种变化是由于工作记忆的其他方面（例如，注意焦点的大小）（Cowan，2001）。

（4）情景缓冲器（episodic buffer）

由于有必要把工作记忆广度以及短时记忆的基本特征描述为组块信息的能力（Miller，1956），因此产生了工作记忆体系的第四个成分，即情景缓冲器（Baddeley，2000）。Baddeley（2000）的工作记忆多成分模型详细说明了与长时记忆的联系，并且增加了情景缓冲器（见图1-3）。情景缓冲器拥有主要依赖于执行理解的有限容量体系，但是与中央执行在主要涉及储存信息而不是注意控制方面存在差异。它能从大量不同的信息源里把信息结合成语块或片段（episode），因此词语是情景的（episodic）。它是缓冲器，把来自不同通

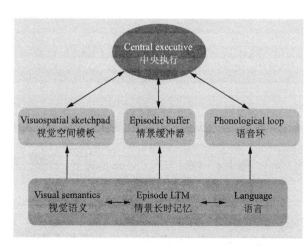

图1-3 Baddeley（2000）的工作记忆多成分模型

道的信息组合成单一的多方面编码。最后，情景缓冲器巩固自觉意识的容量（Baddeley，2000）。

1.1.1.2 Cowan 理论

工作记忆的理论是过程定向的（process-oriented）而不是结构的。最具影响力的模式是Cowan（1995，2001，2005）模式，此模式提出了工作记忆的

两层结构,从被激活而不是即时可得到的长时记忆中辨别享有特权的、即时通达的区域——注意焦点(focus of attention)。注意焦点中的记忆极易提取(accessible)和获得(available),但注意焦点容量限制项目或语块的固定数量。被激活记忆的可使用性由提取所需要的时间来解释,而被激活记忆的可利用性由正确提取的可能性来解释(McElree,2001)。

长时记忆被激活的部分不受容量限制,但是这种状态下的记忆信息由于干扰和/或衰退,容易被忘记。注意控制理解负责操纵工作记忆的内容,这些理解在信息理解过程中激活、集中、更新、转变和抑制记忆。注意控制理解过程(attentional control processes)与执行功能(executive function)同义,此观点与 Engle & Kane(2004)极具影响力的工作记忆容量中变化的执行—注意理论(executive-attention theory)相一致。详见 Cowan(1988,1999)信息—理解过程理论框架的图式表示(图 1-4)。

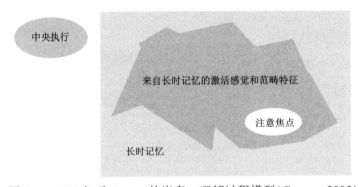

图 1-4 1988 年后 Cowan 的嵌套—理解过程模型(Cowan, 2005)

1.1.1.3 Atkinson & Shiffrin 两成分模式

Atkinson & Shiffrin(1968)提出了最有影响的两成分模式(two-component model):信息从环境中进入暂时的短时储存系统,短时储存系统充当进入更持久的长时记忆的前厅(antechamber)。在他们的模式中,短暂的系统也起工作记忆的作用。支持两成分体系最显著的证据来源于对神经心理学病人的研究,即对颞叶内侧(medial temporal lobe)的损害会损害新学习信息的容量,而不会影响短时记忆任务中的表现(Baddeley & Warrington,1970)。此证据非常符合两成分模式,因为它清晰地反映了对长时记忆系统以及被保存的短时记忆信息的损害(见图 1-5)。

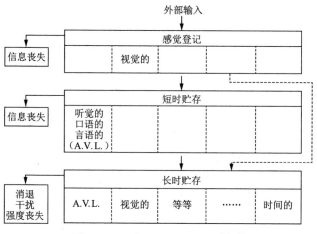

图 1-5　Atkinson & Shiffrin 模型

1.1.2　工作记忆容量

1.1.2.1　工作记忆容量的测量

Miller（1956）提出短时记忆的容量是有限的，即大约 7 个（加或减 2 个）。此限制通常按组块来表示，意味着一组组的项目已被搜集到一起并被看作单一的单位。如果项目可以容易地组成更大的单位，工作记忆广度显然可以增加。例如，在一系列字母中，熟悉的字母串 USA 或重复的模式 BBB，每一个都可以充当单一的组块，而不是三个单独的项目。容量限制通常是由于基于时间的快速衰退而忘记（Jonides et al.，2008）或者项目间的相互干扰（interference）（Oberauer & Kliegl，2006）。

首先，使用的语言可划分为一语或者二语。其次，任务可划分为简单的广度任务（例如，仅测量储存）或者复杂的广度任务（要求储存和理解）（Unsworth & Engle，2007）。最后，工作记忆测量根据刺激因素的内容域可划分为言语的（要求理解语言材料，例如，单词或句子）或者非语言的（要求理解非语言材料，包括数字、数学方程式或者视觉空间图像）。

对工作记忆容量的测量，反映了工作记忆体系功能（Shipstead, Harrison, et al.，2013）在任务间经常被分离的效率的个体差异。这些任务测量了个体储存和复述信息的能力——所谓的简单的广度任务——和那些测量个体储存信息，并同时面对额外的理解任务的能力——经常被定义为复杂的广度任务。

简单的广度任务,例如,向前的数字广度(forward digit span)、单词广度或者非单词广度(nonword span),要求被试在信息被呈现的短暂时段后,回忆一连串不相关的字母、单词、数字或者视觉物体。另一方面,复杂广度任务要求被试积极理解输入信息(例如,一个句子或者一个简单的数学方程式),并同时记忆一连串的字母、单词、数字和物体。复杂广度测试(例如,阅读广度)与句子理解相联系的早期研究认为,这些测试反映了一种单一容量可以被灵活地分配到储存或理解(Just & Carpenter,1992)。然而,一些研究反对此假设,认为工作记忆容量反映了一种单一容量。Shipstead et al.(2014)和 Unsworth et al.(2014)认为基于大规模的个体差异研究,工作记忆容量可以被分为 3 种成分,反映主要记忆容量(primary memory capacity)(在注意焦点维持信息的容量)、注意控制(attentional control)和从注意焦点外提取信息的能力(第二记忆(secondary memory))。

尽管数字广度可能不是对主要记忆容量的理想测量,它与反映此容量的其他测量高度相关(Cowan et al.,2005)。因此,工作记忆容量与句法干扰,甚至与模式中数字广度的显著相关说明:工作记忆容量的影响并不反映主要记忆容量的影响。解释工作记忆容量和干扰消解(在基于提示提取框架内相一致)之间的相关共享差异是注意控制。这种假设也可以解释在先前记忆研究中的工作记忆容量(由复杂工作记忆任务测量)和控制的记忆提取效率之间的联系(Oztekin & McElree,2010;Mizrak & Oztekin,2016)。Oztekin & McElree(2010)认为低工作记忆广度被试比高工作记忆广度被试花费更长时间控制提取情景信息。如他们所说,被试的主要记忆容量(或者注意焦点的限制)并不存在差异;两组仅能维持 1 个项目,这种关系反映了高工作记忆广度被试更好的注意控制。

Daneman & Merikle(1996)提出了复杂广度任务相对于简单广度任务是对一语理解更好的预测。工作记忆的复杂测量比简单(仅仅储存)测量可以更强地预测。更好的工作记忆能力与更好的运用相关。测量短时记忆的简单广度任务——包括语音短时记忆——也与二语结果存在显著和积极的关系。工作记忆广度已被证明是对大量复杂认知技能(从阅读理解到学习电子学变化)的强有力预测。然而,工作记忆广度的差异确实对理解容量产生影响。Waters & Caplan(1996a)认为由阅读广度任务强加的记忆负担与句子任务需要的推算无关,阅读广度任务中差的表现反映了复述单词的低能力,而不是有限的储存容量。

工作记忆任务探讨的执行注意理解过程(executive attention processes)负责工作记忆和语言过程间的共变(covariation)。这种观点与 Engle & Kane(2004)的工作记忆容量中变化的执行注意理论相一致。基于此观点,工作记忆容量任务(复杂广度任务)的预测力源于它们探讨执行注意的过程,即面对干扰时,以及即使干扰和注意转换仍能通达信息和目标的能力。Engle & Kane(2004)的理论认为认知功能是工作记忆体系的成分。

从工作记忆多成分模式的框架来看(Baddeley,2000),复杂广度测量的更显著贡献显示了每一个成分子系统的独特重要性。执行控制系统(例如,管理冲突、阻止来自分散注意力的信息干扰)的责任可能比仅仅在语音储存中保存积极的表征对二语理解和二语水平更重要。事实上,日益增加的证据表明:双语者和二语学习者必须在来自两种语言的潜在竞争表征间管理冲突,甚至仅仅在单语语境中使用一种语言时(例如,词汇通达是"语言非选择的";Dijkstra,2005),说明成功使用二语时工作记忆的执行控制成分的重要作用(Hernandez & Meschyan,2006)。需要更大执行控制(例如,复杂广度任务)的工作记忆任务应该是二语结果的更好预测。

1.1.2.2　工作记忆容量与双过程理论(Dual-Process Theories)

行为是以如下的方式受到自动化和控制理解的相互作用。在环境中物体的感觉特性能引起注意,被定义为刺激驱动(stimulus-driven)、自下而上(bottom-up)、本能反应(reflexive)或外因(exogenous)注意(Egeth & Yantis,1997;LaBerge,2000)。

通过被动地"应用注意于那些表征"来激活知识结构(有时称为图式(schemas)、脚本或概念(concepts),被看作情形(states))(Smith,1998)或内在的目标情形(Bargh,1990,1997),因此引发或调节了一系列行动、感情或思想。这被视为自动的(有时称作无意识的(unconscious)、内隐的(implicit)或启发的(heuristic))理解,是普遍存在的、正常的默认理解模式(default mode)。

控制的注意也被称作目标导向的(goal-directed)、自上而下的(top-down)或内生的(endogenous)注意(Egeth & Yantis,1997)。控制的注意在很大程度上决定自动化理解影响思想、感情和行为的程度。

注意力必须应用于维持或提高激活已被激活的,与目标有关的表征(被动被激活的,否则会随着时间衰退的表征),有目的地激活与目标有关的表征(例如,如果还没被激活,则开始激活被需要的表征)和抑制激活与目标不相关的表征。通过控制注意力来操纵表征在双过程理论中通常被称作控制的(有时被称作有意识的、外显的或系统的)理解。

在句子理解中,对工作记忆角色的大多数研究集中于在整合或维持预测输入的句法结构之前保持成分的容量需求(Daneman & Hannon, 2007)。近年来的研究集中于用干扰来解释这些效应。这些研究强调记忆表征的内容,而不是可以在记忆中被积极保存的信息数量(van Dyke, 2007)。van Dyke & Lewis(2003)和 van Dyke(2007)提出相同的名词可以在句子理解时引起或多或少的干扰,依赖于它们在句子中的句法角色。为了解释这些和其他的干扰效应,以提示为基础的分析方法认为句子分析是通过一系列有效的、基于提示的记忆提取来实现的;提取提示是一系列需要被提取的项目特征,它们来自输入的单词、语境和语法知识。

与工作记忆方法一致,句子理解中的基于提示的分析模式认为:有技巧的句子理解依赖于把很少的信息(例如,$1 \sim 2$ 个语块)维持在工作记忆中。焦点外的信息是通过提取提示与储存表征的匹配来提取。如果有技巧的句子理解需要积极记忆至多 $1 \sim 2$ 个语块,这就提出了问题,即差的句子理解是由于低的工作记忆容量。

McElree 和同事们(Oztekin et al., 2010)基于行为和神经成像结果评估注意焦点的容量(capacity of the focus of attention)仅仅是一个语块的信息,而 Cowan(2011)对此进行了批评,提出 $3 \sim 4$ 个语块限制内的多项目注意焦点(multi-item focus of attention)。

工作记忆容量变化的促进因素是注意焦点的容量。因此,一旦控制好其他因素,探讨工作记忆容量的测量能否预测理解运用至关重要。在句子理解域(sentence comprehension domain),储存可以包括对词汇项目或概念表征的保存,而理解包括提取这些表征或委派题元角色。因此,Martin 和同事提出在语言理解域内的多成分模式,即对于保存语音、语义和句法信息存在分开的容量(Martin & He, 2004; Hamilton et al., 2009)。根据此模式,语义和句法短时记忆容量,而不是语音短时记忆,分别对句子理解时维持不整合的单词意思和句法结构至关重要。

基于提示的分析方法(cue-based parsing approach),即工作记忆容量的个体差异是句子理解能力变化的原因,挑战了长期存在的假设,对先前的神经心理结果提供了另一种解释。根据基于提示的分析方法,理解困难可能源于需要被提取的(to-be-retrieved)表征中质量的变化或者有效地运用可提取提示来激活目标信息和抑制不相关信息的能力变化(van Dyke et al.,2014)。这两种描述认为语言经验和执行控制能力对确定理解能力扮演着重要角色。因此,语义短时记忆和句子理解之间的关系可能实际上反映了语义知识表征中潜在的缺陷,导致了句子理解时对语义特征更不丰富的编码。实验证明:语义短时记忆存在缺陷的病人,额下区左侧(left inferior frontal region)损伤对于执行功能的各个方面至关重要(Hamilton & Martin,2005,2007)。根据语义控制(semantic control)(Whitney et al.,2011)和从竞争者中选择(selection from competitors)(Barde et al.,2010),两者都可能涉及句子理解时的干扰消解(interference resolution)。因此,为了评估多容量假设(multiple capacities hypothesis),在考虑语义知识和执行控制的变化后,语义容量对预测语义干扰消解是至关重要的。

具备小词汇量的阅读者理解时更易受到干扰的影响。对于执行控制假设,一些先前的研究已支持理解花园小径句子时总的执行控制的角色(例如,由言语 Stroop 任务测量)(Hsu & Novick,2016)。

研究者们调查了个体差异在工作记忆中的作用以便调解这些干扰效应,来自复杂广度任务的总工作记忆容量显示出:在线句子理解过程中与句法干扰的关系,问题回答过程中与语义干扰的关系。同时,对语义工作记忆容量的测量预示了问题回答中语义而不是句法干扰效应的大小,而语音容量并不预示任何干扰效应的大小。

专门的工作记忆(specialized working memory)涉及句子中的句法分析(sentence parsing),此句子句法分析不同于由标准简单或复杂广度测量探讨的容量(Caplan & Waters,1999)。与此观点不同的是,与总工作记忆容量的关联反映了在句子理解过程中,涉及复杂广度测量和消解干扰的角色控制注意以及潜在的第二记忆提取。语义短时记忆和语义干扰之间的特定关系,表明了个体间存在差异,即语码特有的(code-specific)保存容量调解消解和语义或句法特征的损失速度(如果可以被测量)的个体间差异。后面的假设与工作记忆的多容量方法一致。在工作记忆中存在分开的句法和语义容量,特征信息的损失速度代替了容量限制概念。

表征可以被激活到阈值以上,因而它们变得有意识,但它们会经历不断的衰退并很快变得不足以被激活,从而影响行动和思想。理解者必须以一种高度活跃的、易于接近的状态来保留信息。当其他事情需要我们注意时,这种维持通常会发生。维持已激活表征的能力需要抵抗分散的资源。工作记忆容量与抵抗干扰,同时又把与目标一致的信息积极保存在大脑中,这说明工作记忆容量与双过程模式(dual-process model)中的控制理解的另一方面相关。例如,与高工作记忆容量被试相比,低工作记忆容量被试一系列记忆任务中各种形式的干扰更易受攻击(例如,前摄干扰(proactive interference)(Kane & Engle,2000)、倒摄干扰(retroactive interference)(Rosen & Engle,1997))。

1.1.3　工作记忆、短时记忆与长时记忆

工作记忆在所有形式的复杂思维(例如,推理、问题解决和语言理解)中扮演着重要角色。然而,语言理解中它的功能尤其明显,因为理解蕴含着在时间中被产出和感知的一系列符号。工作记忆在储存阅读者或听者计算的中间和最终产物时扮演着关键角色,因为他或她从书面文本或口语文本中的一连串连续单词中构建和整合概念。储存的角色、工作记忆也可以被看作执行符号的计算并因此产出中间和最终产物的操作资源库。

短时记忆一般被认为是一种存储设备,允许一个人简单地保存信息直至记住。归属于短时记忆的一个相关功能是它作为通往长时记忆台阶的角色,而信息是通过复述(rehearsal)或增添(elaboration)被记忆的。因此,工作记忆一直牵涉短时记忆和长时记忆。工作记忆更现代的观点考虑的不仅仅是存储信息以便以后提取,而是以复杂的连续计算方式(例如,语言理解)储存部分结果。理解过程中词汇层面的存储要求是凭直觉的。一个听者或理解者必须能迅速提取对句子中更早的单词和词组的表征,以便使它们与后面的单词和词组相联系。但是,存储需求也发生在理解的几个其他层面。理解者也必须存储文本的主题、文本涉及情形的表征,即来自前面句子的主要命题、当前

正阅读句子的连续多层面表征（Kintsch & van Dijk, 1978; van Dijk & Kintsch, 1983），因此，语言理解是在复杂信息理解中需要广泛存储部分和最终产品的一项任务的最好例子。

短时记忆容量有限，大约有 7 个组块（Miller, 1956）。1 个语块相当于储存在长时记忆中 1 个熟悉的模式。短时记忆中的存储是短暂的，当注意力转换到另一个有需求的任务时，原先储存在短时记忆中的信息会在几秒之内不可使用（Brown, 1958; Peterson & Peterson, 1959）。短时记忆由目前长时记忆网络表征中超过临界阈限（critical threshold）的活跃信息组成。长时记忆存储的容量是巨大的，并且比短时记忆存储的信息更持久。长时记忆中储存的信息是相关联的，不同的项目间彼此联系，项目与当前情境（当前的上下文）的特性相联系。从长时记忆中提取信息的主要瓶颈是缺少提取线索，即这些线索与储存在长时记忆中理想的项目相关。另一个长时记忆中信息储存的问题是随后储存的相似信息会干扰先前储存信息的提取。对于特定类型材料的记忆运用能力依赖于被试对材料的熟悉度，这种运用能力可以通过练习得到迅速提高（Ericsson, 1985）。对于先前已存在于长时记忆中的语块，如果被试已将大量复杂模式储存于长时记忆中，那么一些语块会与所呈现的项目相匹配，并且通过激活短时记忆中相匹配的语块来保存所呈现的项目。

阅读者在理解时，集中注意重新恢复（restate）文本信息是必需的，提取总的知识（或个人经历）来解析文本也同样是必需的。知识推理在文本理解中扮演的角色是多样化的、重要的（Kintsch, 1993）。领域知识（domain knowledge）在文本理解和记忆时扮演着重要角色（Afflerbach, 1990）。领域知识提供了直接使阅读者通达他们所需要信息的检索结构。

记忆专家和其他专家确实能把与技能领域中代表性活动相关的信息储存在长时记忆中。在有技能的活动中，当被试对任务需求有了丰富的经验，并且具备了完成任务的稳定步骤，他们便能预见检索需求，并发展记忆技能来把提取结构与相关的信息联系起来。获得这些技能需要多年的练习。图 1-6、图 1-7、图 1-8 分别介绍了心理学家对工作记忆、短时记忆与长时记忆三者关系的发展史描述。

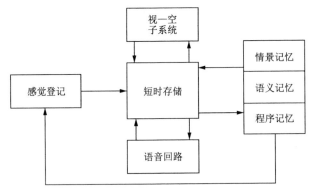

图 1-6　20 世纪 80 年代以后心理学家描述的记忆

图 1-7　1960—1980 年心理学家描述的记忆

记忆

图 1-8　1885—1960 年心理学家描述的记忆

1.1.4　神经机制下的工作记忆

1.1.4.1　解剖工作记忆:来自神经成像数据的见解

Baddeley & Hitch（1974）把工作记忆看作具有专门成分的体系,包括监督体系（中央执行系统）、储存语音（语音环）和视觉空间（视觉空间面模板）信息的暂时记忆体系（Baddeley,1992）。理解任务中的工作记忆影响是由于语音环在某种程度上支持中央执行控制的神经认知系统。语音环可以再分为被动语音储存（passive phonological store）和积极复述体系（active rehearsal system）（Baddeley,1996）。顶叶（parietal lobe）在语音储存中扮演着重要角色。通常,语音工作记忆资源被征用来帮助中央执行系统,从而用来应付句子理解任务中的复杂需求。总之,牵涉外侧前额区（lateral prefrontal）（Owen,2000）和顶区（Honey, Bullmore & Sharma,2000）的中央执行功能和控制注意也会对语义神经体系产生重要的影响。作为负责协调认知资源的中央执行系统,左额皮层中侧（left middle lateral frontal cortex）调节空间信息储存和空间工作记忆（Courtney et al.，1998）。

不同的神经通路（neural circuits）调解（mediate）言语（verbal）、空间（spatial）和物体（object）工作记忆。空间记忆是右侧向，而言语和物体记忆通常是左侧向。偏侧性（lateralization）的差异可能是定量而不是定性的。除了偏侧性，涉及每一种工作记忆的一些皮层区似乎都是与众不同的。在空间工作记忆中，存在枕区（occipital region）和额下区（inferior frontal region）的激活；在物体记忆中，颞下区（inferotemporal area）活跃；在言语记忆中，存在布罗卡区（Broca's area）的激活。在言语工作记忆的电路图（circuitry）内，存在构成储存基础的成分和调解复述的成分间的分离。顶皮层后部（posterior parietal cortex）（尤其是在左半球）似乎涉及储存，而额区（frontal region）似乎是调解复述，后者包括涉及言语更高层次方面的三个左半球区域：布罗卡区、前运动区（premotor area）和辅助运动区（supplementary motor area）。有一些建设性证据表明：空间工作记忆有一个平行的存储—复述结构，存储再一次受到顶区后部的调解（尽管现在是右侧向而不是左侧向），复述可能再一次涉及额皮质的前运动区（尽管是右侧向而不是左侧向）。颞源前部（the anterior temporal sources）一直与语义记忆提取相联系，说明如同 N400 般的激活位于颞叶内侧前部（Anterior Medial Temporal Lobe，ATML）（Nobre & McCarthy，1995）。

Nobre & McCathy（1995）提出了颞叶内侧前部具备 N400 记忆的角色，把此归因于与单词相联系的语义表征的网络中的活动或者把单词后词汇整合（post-lexical integration）进理解中的语境。然而，在事件相关 fMRI 研究中，存在一些证据支持左颞叶内侧前部（left anterior medial temporal）的语义激活（Kiehl，Laurens & Liddle，2002）。相反，许多 PET 和 fMRI 研究已发现左顶区（left parietal region）是言语工作记忆的主要促成因素（Paulesu，Frith & Frakowiak，1993）。事件相关电位（Event-Related Potentials，ERP）证据已在言语感知过程中发现了此区域言语工作记忆的激活（D'Arcy et al.，2004）。

与储存和复述功能截然不同，操作工作记忆（执行过程）内容的过程似乎是受到背外侧前额叶皮层（dorsolateral prefrontal cortex）的调解。特别是当被试不得不对工作记忆的内容暂时编码而不仅仅是储存时，此区域会被激活。物体工作记忆激活额下区，而激活空间工作记忆激活了额上回（superior frontal gyrus）的尾部（caudal portion）（Courtney et al.，1996，1998）。基于半球的偏侧性，在前额皮层内的激活地点间存在着双分离：右前额皮层主要受到空间工作记忆任务的激活，而左前额皮层受到物体工作记忆任务的激活（Smith et al.，1995；McCarthy et al.，1996）。

与语义理解相关的布罗卡区和其他区域距离遥远，并且与空间工作记忆中大多数研究发现的激活峰值有区别（Owen，1997），以言语、空间和物体为基础的工作记忆，每一个都依赖于前额皮层内的不同区域。其他研究涉及工作记忆不同子系统（subsystem）的分离（dissociation），认为左前部慢波（left anterior slow waves）表示言语记忆中的保存理解过程（Ruchkin et al.，1992），或是更高层次执行控制的类别一般性理解过程（Bosch，Mecklinger & Friederici，2001）。

已有大量研究证明工作记忆的执行、言语和视觉空间各成分的神经基质。这些文献涉及关键区域的网络：左和右背外侧前额叶皮层（dlPFC）（包括双任务和自上而下控制注意力的执行过程）、腹外侧前额叶皮层（ventrolateral PFC）（语音环）、前扣带皮层（anterior cingulated cortex，ACC）（注意力、监察和冲突解决）和左颞—顶联合区（left temporo-parietal junction）（感觉肌动整合，sensorimotor integration）（Osaka，Logie & D'Esposito，2007）。同时，还有相当数量的神经成像文献强调了大脑皮层和皮层下区域中工作记忆和注意控制（attentional control）对于二语功能的重要性（Li，Legault & Litcofsky，2014）。当双语者抑制不需要的语言时就会征用前额叶皮层和前扣带皮层，因为来自两种语言的信息在心理上是活跃的。

1.1.4.2　神经体系促进工作记忆容量

控制注意力的能力被认为是一种前额皮层的解剖和电路图以及相联系结构的特性（Kane & Engle，2002）。在整个大脑中，前额皮层是在控制和协调理解方面扮演着功能间相互联系的神经区域，并且它们对控制理解和自动化理解之间的关系尤其重要（Miller & Cohen，2001）。前额皮层和相联系的电路图（LaBerge，2000）担任工作记忆执行功能的角色，在注意力的场所（在执行推断的神经通路）通过调节激活水平（例如，改变神经活动）来完成控制理解。影响 PFC 激活的其他神经结构也对工作记忆容量起作用，因为丘脑（thalamus）

实际上与皮层的所有区域以及皮层下部的许多区域相联系。通过丘脑门控（gating）机制来执行控制的注意（LaBerge，2000）。对丘脑的调节效应直接受到自下而上感觉控制的来源驱使或受到来自 PFC 自上而下控制的来源驱使（LaBerge，2000）。有证据表明蓝斑（locus coeruleus）（从杏仁核（amygdala）和扣带皮层前部接受输入）投射到前额皮层，因此允许言语者学习过去的经验来影响自上而下的注意来源（Gallagher，2000）。最后，有证据表明顶叶涉及工作记忆容量，原因在于顶叶涉及注意的集中（Cowan，1995）。工作记忆容量与运用注意力来激活储存在长时记忆中的信息（例如，对刺激、目标情形或行动计划的表征）有关，至少在涉及前摄干扰或引起注意力（attention-capturing）分散（distraction）的情境中（Conway & Engle，1994）。那些工作记忆容量高的学习者比工作记忆容量低的学习者能够更快、更准确地提取与目标相关的信息。

1.1.4.3 与工作记忆相关的两种假设

在认知科学中，存在两种主要假设，涉及句子理解中工作记忆运用的潜在机制（Gunter et al.，2003）。一种假设认为有效地阅读语言输入涉及的工作记忆与激活（activation）过程相关，已有学者在理解句法歧义材料（Just & Carpenter，1992）以及理解词汇歧义材料（Miyake et al.，1994）时明确表达了此观点。高工作记忆容量能激活歧义的两种文本，而低工作记忆容量只能激活一种文本。如果激活在工作记忆中扮演着重要角色，高广度阅读者拥有更好的激活资源。在消除歧义点时，高广度阅读者仍然在工作记忆中保存两种意思，而低广度阅读者在此点仅仅保存了主要意思。也就是说，高工作记忆容量者比低工作记忆容量者进行句法分析时更有效率、分析得更好，因为工作记忆可以帮助激活所有支持语言理解和句子理解的信息（Vos et al.，2001；Fiebach et al.，2001）。另一种假设认为工作记忆中的抑制机制在有效的句子理解中扮演着重要角色。这种认知机制一直以来被认为会影响句法歧义（Friederici et al.，1998）和词汇歧义材料（Gernsbacher & Faust，1991）的有效理解。如果抑制是工作记忆潜在的机制，低广度阅读者在句子理解方面更没有效率，而高广度阅读者可以更大程度地保存两种意思。高广度阅读者保持几种意思活跃，可能是在句子理解时，低广度阅读者比高广度阅读者更慢一些的潜在原因，就是这种暂时抑制不相关的信息可能保证了有效的句子理解。高广度阅读者会抑制更不可能的次要意思。高工作记忆容量者比低工作记忆容量者在语言理解过程中能更有效地抑制不相关信息,因此,要把观察到的差异性与工作记忆容量的不同使用相联系。高广度阅读者在句子理解中更有效率,并能以一种灵活的方式运用抑制。

1.1.5 二语中的工作记忆

自从 Baddeley & Hitch(1974)发表有重大影响的文章以来,工作记忆已成为人们日益感兴趣的一个话题,并达到了一个重要的层面,即工作记忆被看作是认知心理学的重要概念(Conway et al.,2005)。在过去的 20 年间,此兴趣已扩大到了对具有多成分模式的双语研究中(Baddeley,2000)。

1.1.5.1 二语理解中的工作记忆

二语理解(例如,产出和理解)通常比一语理解要求更多的认知资源(Hernandez & Meschyan,2006)。二语理解对工作记忆资源有需求,尤其是对更低水平的言语水平者来说。执行功能支持对二语运用所必要的各种认知控制机制(Abutalebi & Green,2008),因此工作记忆一直涉及二语理解(Michael & Gollan,2005)和学习(Martin & Ellis,2012)的研究。工作记忆是获得任何二语学能(aptitude)理论的关键成分(Dekeyser & Koeth,2011)。

在二语研究中,复杂广度任务和简单广度任务都是显著预测二语理解和二语水平的测量(简单的广度,O'Brien et al.,2007;复杂的广度,Revesz,2012)。然而,由于二语任务的多样性和其他的研究设计因素,决定这些广度任务中的哪一个是二语理解和二语水平任务的更好预测还存在着困难,Abu-Rabia(2001)和 Speciale,Ellis & Bywater(2004)提出了简单广度测试与二语词汇发展显著相关。Myles et al.(1999)认为短时记忆容量具有预测语块的能力。组块(chunking)是记忆二语固定词组并能恰当运用的能力,这种组块能力反过来又与日后创造性地运用语言的能力相联系。可能是由于任务刺激因素中的域重叠,言语工作记忆测量也显示了与二语成绩的更显著相关。

复杂广度测量(complex span measure)比简单广度测量(simple span measure)可以更好地预测二语结果,这说明当运用二语时,工作记忆的执行控制成分比短时记忆扮演着更重要的角色。工作记忆的执行控制成分(用复杂的广度任务来测试)比储存成分(用简单的广度任务来测量)与二语成绩更显著相关。

由于二语者理解时对认知控制的更大需求,即同时对多认知任务进行理解、注意控制和协调,因此,与简单的广度任务相比,复杂的广度任务中需求更大的执行控制的工作记忆任务应该是二语成绩更好的预测。执行控制体系的责任(例如,管理冲突和阻止分散注意力的信息的干扰)比仅仅把积极的表征维持在语音储存中,对二语理解和水平更重要。双语者和二语学习者必须管理来自两种语言的潜在竞争表征间的冲突,甚至仅仅在一语语境中使用一种语言(例如,词汇提取是不选择语言的(language nonselective)(Dijkstra,2005)),这说明对于成功的二语运用,工作记忆的执行控制成分有关键作用(Hernandez & Meschyan,2006)(见图 1-9)。

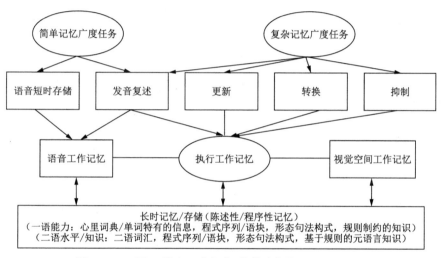

图 1-9 二语习得中工作记忆的整合框架(Wen,2015)

1.1.5.2 工作记忆和学习

工作记忆容量可信度很好地预测了种类繁多的学习和高层面认知任务中的表现。工作记忆是许多学习过程(包括记笔记、遵循方向或者忽视干扰)的重要成分(Piolat, Olive & Kellogg,2005)。工作记忆容量支持新学习(new learning)(Cantor & Engle,1993)的心理表征的构建,尤其是基于规则的学习(Smith & DeCoster,2000)。当清晰地尝试学习复杂的心理模式时,低容量学习者更不能在工作记忆中维持所有必要的信息来构建一个复杂的、综合的表征。一些研究表明容量限制也会对编码新信息产生影响(Rosen & Engle,1997)。在局部意义和主题意义的理解过程中,工作记忆容量在建立文本各部分间的连贯性(coherence)时扮演着角色(Budd, Whitney & Turley, 1995)。工作记忆容量不仅与新学习相关,同时也提高了人们运用已知信息来学习的能力。

先前的研究已表明增强的工作记忆能力与更好的语言学习和理解能力相联系。更强的工作记忆与更大的词汇量、更好的句法理解和总体上更流利的二语口语相关(O'Brien et al., 2007)。在 Baddeley & Hitch(1974)的工作记忆模型内,中央执行控制体系(central executive control system)牵涉几个类别一般性成分,包括鉴于新刺激而更新信息、在任务间转移以及抑制习惯性反应或不相关的信息。工作记忆体系中与语言更相关的成分是语音环或者是语音工作记忆,牵涉发音复述(articulatory rehearsal)和语音储存机制(phonological store mechanisms)。语音工作记忆对于语言习得是关键的,一语和二语相似,因为它循环地把新的语音单位暂时保存在记忆中,而同时形成了更稳固的长时记忆表征(Baddeley et al., 1998)。具备更好的语音工作记忆的成年人是更好的词汇和语法理解的二语学习者(Baddeley, 2003a)。情景缓冲器的角色是把来自不同通道的信息结合起来,它是在工作记忆和长时记忆中搭桥的成分,也在一语和二语词汇学习和单词识别方面扮演着重要角色(Wang et al., 2017)。情景缓冲器也在更高层次的阅读过程中扮演着重要角色,因为情景记忆维持组成特定经历的一系列事件的次要顺序;即使是这样,事件实际上是在阅读中留意的单词,并且一段情节由文本中线性的(linear)/次序的(sequential)单词顺序组成。

1.2 神经机制中的 ERP

自从 140 年前英国内科医生 Richard Caton 发现 Electroencephalography(EEG)以后,EEG 已走过了很长的一段路。1875 年,Caton 从猴子和兔子打开的大脑中第一次获得 EEG。大约 50 年后,1924 年,为了放大脑电的活动,Hans Berger 通过使用简单的无线电设备,在人类头皮做了首次 EEG 记录,并在纸上获得了书写文本。

人类大脑平均有大约 860 亿神经元(Herculano-Houzel, 2009),它们间的交流是主要的大脑活动。神经元是具有固有的电属性的易兴奋细胞,它们的活动产生磁场和电场,然后可以使用记录电极将之记录下来。EEG 记录了被称作锥体细胞(pyramidal cell)的神经元的总电流活动,运用放置在头皮上的电极来测量,并且按时间用图来表示。EEG 是从正极到负极波动的交替电流,依赖于许多因素,包括来自其他神经元的兴奋或抑制(excitatory or inhibitory)、输入信息引起的细胞膜渗透(permeability of the cell membrane)的变化。大脑中存在两种主要类型的神经元活动:动作电位(action potential)和后突触电位(postsynaptic potential)。

1.2.1 行为实验(Behavioral Measures)

在谈论句子理解的 ERP 研究以前,我们先提及促进脑成像研究的行为实验。

行为实验,可分为离线(off-line)和在线(on-line)行为实验。离线测量,如句子—图片匹配(sentence-picture matching)、启发式产出(elicited production)任务、可接受判断任务(acceptability judgement task);在线行为实验,如(快速)语法判断(speeded grammaticality judgements)、眼动追踪(eye tracking)、自控速阅读任务、词汇判断作业(lexical decision tasks)等反应时实验。近年来,反应时和眼动研究提供了进一步的证据,即迅速组合语义、语用和句法信息来解决句子中的句法歧义(Trueswell & Tanenhaus,1994)。对于包含语义或者是句法不规则的句子,被试的单词和句子阅读时间会增加;同样,长久的眼睛固视和递增的眼动回视通常发生在不规则的语义或者句法的附近(Rayner et al.,1989)。30 多年的眼动实验表明:在阅读中记录眼动通常是固视的持续时间和固视单词的特点之间存在着系统化的联系。阅读者花费在更难的单词和更重要的单词上的时间比更简单的单词多,更长的单词比更短的单词更易产生固视,易于被跳过的是短词和功能词。

但是,使用离线的行为实验不能对语言的不规则进行精确度极高的实时、无意识在线探测和处理,因此对实验结果的解释变得困难;一些在线技术(例如,眼动追踪)也不能给我们提供 ERP 所能显示的脑机制定量证据(Dussias,2010)。

在一系列不同的研究中,普遍存在两种主要发现:EEG 和行为实验。首先,在行为结果(反应时)和 ERP 之间存在差异,即这两种研究很少以相同的模式呈现。在行为测试(例如,反应时 RTs)中,许多认知理解过程产生并且通过被试做出反应的时间来得以巩固;而令人感兴趣的 ERPs 成分反映的仅仅是整个过程的一个特定部分。其次,通过 ERP 分析获得的结果经常不能完全支持现存理论。

1.2.2 ERP

ERP 是认知神经科学研究的方法之一,表明认知过程的实时电生理学指标,其时间分辨率极高,精确到毫秒(1 秒 = 1 000 毫秒)。ERP 可以实时记录实验心理理解过程展开时大脑电流的活动,因此可以用 ERP 来考察句子理解过程中所包含的感知和认知过程。当前国内外学者报告了一些反映语义和句法理解的 ERP 成分(具有正、负极的脑电波形)。ERP 成分由极性(polarity)、潜伏期(latency)、振幅(amplitude)和头皮的电极分布(topographic distribution,或称为皮层地形分布)所标注。极性指这些成分是正极——得到的输出与波纹(wave)相似,根据极性被标注,即正波(正走向,用 P 表示)——和负极,即负波(负走向,用 N 表示)。从实验的持续数据中提取和分析 ERP 成分的关键是在每个条件的许多试次(trial)中平均活动。只有反复发生并且被时间锁定的活动不会被取消,才会有意义。负向波纹线与激活相关联,而正向波纹线与抑制相联系。医学专家(例如,神经病学家)通常把 EEG 的 negative 读为"上",positive 读作"下"。在 ERP 研究者中存在不一致的观点,一些学者遵循神经病学家的传统,而另一些研究者认为 positive 为"上"。尤其是早期成分(P100、N100、P200)通常与基本的、低层面感觉相联系,被认为在性质上是自动的。这说明只要感觉刺激语料(例如,一个单词或一个图片)被呈现,ERP 就会被引发。在更后期出现(通常在 250 毫秒后)的其他成分代表有意识的认知理解,并且可以在特定的实验条件下引发。对早期(自动的)和晚期(更有意识的)成分的区分,仅仅说明 ERP 成分的总概念。潜伏期反映了信号(该成分)的时间进程,包括起始潜伏期(onset latency)和峰位潜伏期(peak latency)(从成分开始到该成分达到最大波幅的时间)。通常情况下,人们以极性和该成分到达最大波幅时的潜伏期来命名这个成分,如 N400、P600。那些峰位被称为成分(components)、它们大约的潜伏期按毫秒(例如,P100 是刺激起始后大约100 毫秒出现的正峰值)表示。这种概括性不可能在所有情况下有效,每一个峰位的功能意义经常依赖于任务,并且总是要考虑到实验范式(experimental paradigm）。成分的相对振幅反映了理解某一语言现象的难易程度,即参与认知理解过程资源的多少。电极分布是关于 ERP 成分的典型头皮分布,即该心理活动出现在大脑哪些区域,并且在大脑的哪个区域达到最大值。两个极性和潜伏期相似的成分,如果其头皮分布不同,也被视为反映不同的认知过程（见图 1-10）。

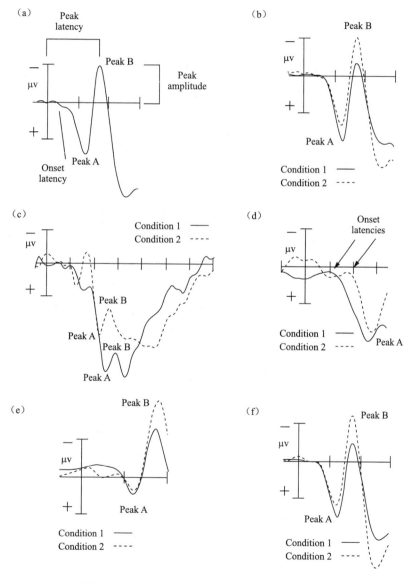

图 1-10　ERP 成分和基本差异（Handy, 2005）

（a）Peak B 显示峰位潜伏期和峰位振幅，Peak A 显示起始潜伏期。

（b）各条件之间峰位振幅的差异。

（c）各条件之间峰位潜伏期的差异：相对于条件 1，条件 2 中的 Peak A 和 Peak B 出现得更早。

（d）条件 1 和条件 2 之间 Peak A 起始潜伏期的差异。

（e）Peak A 和 Peak B 之间峰位到峰位测量的差异，条件 2 中峰位到峰位距离更大。

（f）差异的组合显示了对 Peak A 和 Peak B 两种条件（峰位振幅和峰位到峰位测量）的效应。

事件相关脑电位是持续的 EEG 记录的一小部分，由于刺激语料而引发，例如，被试在计算机屏幕上观看图片或单词。在认知神经科学实验中，仅仅使用持续的 EEG 记录并不能提供信息，例如，如果我们感兴趣大脑是如何处理句子理解或产出的，需要通过特定的任务、在确切的时刻记录反映大脑活动的调节。有必要着眼于 ERP，而不是持续的 EEG 记录。ERP 通过时间锁定刺激语料而获得，因而我们知道刺激语料在哪个确切的时间点被呈现，然后我们分析大脑对特定刺激语料的反映，如声音、单词、图片。

ERP 应用于一系列心理学实验中，目的是调查各种认知理解过程，例如，句子理解和产出、记忆、注意。因为 ERP 是很小的振幅，通常它们不能在原始的 EEG 记录内被观察到（Teplan，2002）。因此，研究者通过平均记录时间段（epoch 时段），需要从持续的记录中挑选出 ERP。时段是对相同刺激语料的重复呈现的时间锁定。对于正常、特定事件的神经反应比较小，只有对 EEG 进行一次次的叠加平均，即与刺激语料呈现无关的、自发的 EEG 波动被平均，产生了 ERP 波，反映的仅仅是持续地与对刺激语料时间锁定呈现相关的活动。因此，ERP 反映了对刺激语料的持续呈现引发的神经元活动（图 1-11）。

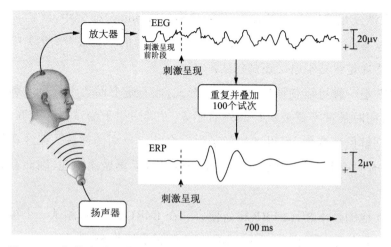

图 1-11 将数十或者数百的试次进行叠加平均的 ERP（周晓林，2011）

1.2.2.1 在语言研究中使用 ERP 的优点和缺点

（1）优点

首先，通常在一语和二语实验中引发的 ERP 成分已得到充分研究，并且相对来说被很好地掌握（Morgan-Short & Tanner，2014；van Hell & Tokowicz，2010）。

ERP 方法在时间上表现出高分辨率（精确到毫秒），可以不需要即时的行为反应，能够连续地实时测量自然语言理解中语言自身的各个属性及其整个过程，而且还可以反映对不同分析信号（例如，音素、句法、语义）的时间锁定和阶段锁定的个体脑电波活动（Tanner et al.，2014）。ERP 适合追踪句子层面动态的时间进程。一些 ERP 研究已发现了渐增的、句子层面缓慢的调节与更快的、单词相关的理解不同（Kutas，1997）。

不同于反应时和眼动测量，ERP 成分是多维度的，可以形成地形图，因为它们提供了语言理解神经机制下的定量信息（潜伏期和振幅）和定性信息（正负极性和头皮的电极分布）。ERP 可以阐明由不同成分显示的质上的差异，即语言信息是如何被理解的，包括理解二语词汇和语法特征（Batterink & Neville，2013；Tanner，Inoue & Osterhout，2014）。并且，ERP 可以显示各因素（例如，成分的定时、分布和振幅）在小组（在行为实验中小组差异不明显，Grey，Tanner & van Hell，2017；Tokowicz & MacWhinney，2005）和条件间量上的差异。

例如,在涉及反应时和自控速阅读(self-paced reading)研究中,我们不知道为什么阅读者纠结于阅读;由于 ERP 负责各种理解的不同成分,所以 ERP 易于识别阅读者是纠结于语义还是句法。

ERP 是一种可以使研究者以口语形式,而不是书面语形式呈现刺激语料的技术,同时被试不需要执行额外的任务,尤其适用于测试特殊人群。例如,在语言理解的研究中,可以评估句子中一个特定单词的理解。在经典的行为实验中,被试必须等候,直到句子完全呈现完毕后再做出回应,因此需要依赖于记忆。

与其他的技术相比,ERP 相当便宜。在 fMRI 实验中,测试一个被试的费用高达 800 美元,而对于每个被试的 ERP 测试费用是 80 美元左右。

和 fMRI 相比,EEG 的优势是设备小巧,便于携带,对实验条件的要求不高,可以直接应用于课堂或者是小的心理诊所。

(2)缺点

EEG 研究的主要缺点之一是一个实验中需要大量试次。通常在涉及 20 个被试的句子理解研究中,每个条件(condition)至少需要 40 个试次。因为单个 ERP 信号只是持续 EEG 记录的一小部分,因此需要呈现给被试大量刺激语料(stimuli)来进行有意义的解释。但这样实验本身会产生许多进一步的问题。第一,准备刺激语料相当耗时,尤其在有许多不同条件的实验中。用于实验的刺激语料需要在许多特征中密切匹配,如单词长度、音节、频率、熟悉度、形象性。因此,研究者需要建立不同套语料,以便在被试中抵消平衡(counterbalance),来保证刺激语料的所有版本在整个实验中呈现相同的时间,并且呈现给被试相同版本的刺激语料不超过一次。第二,大量试次意味着冗长、单调的实验,尤其是需要更多的条件时,会导致被试的疲惫、厌倦。由此产生了许多困难:例如,Alpha 波(噪音大)、被试很难集中注意力、运用不同的理解和应对策略、错过更多的试次。值得注意的是,质量差的数据会产生更多的噪音,并由此产生更多的需要剔除的试次。因此建议实验时被试经常休息,对于二语被试来说,建议每 20 个试次的区组(block)进行一次短暂的休息。第三,大量试次会产生更多的不得不剔除的伪迹(artifact)。眨眼、肌肉移动、晃动身体、转头、咬牙,甚至吞咽都会产生影响 ERP 的伪迹。一些研究者选择给被试特别的指示,要求他们仅仅在特定的时间眨眼,即在他们做出回应后,而不要在回应时眨眼；而其他学者选择不给被试特别的提示（因为这会影响被试的注意力，并使他们很快产生疲劳），而是运用软件技术或数学方法来纠正因眨眼而扭曲的数据。大量试次使 ERP 不适合被应用于特定的实验，例如，每个被试只可以在一种条件下接受一个试次。

使用 EEG 的另一个缺点是空间分辨率差。ERP 显示出了好的时间分辨率，但是很难说清活动是在大脑的什么区域发生的。差的空间分辨率因此导致有限的空间取样（sampling）或参考电极（reference electrode）的混淆。目前最精细的研究是把整个大脑的电信号分为 128 块，对基础的研究分析都有一些障碍，并且 ERP 仅提供表面皮层位置的信息，而其他神经成像技术（例如，MRI）可以进入更深的皮层甚至下皮层来观察激活模式。

在特定的脑区（尤其是深处的信源（source）），使用头皮 EEG 尤其难以测量电流活动。iEEG（invasive-EEG，颅骨内的 EEG）是一种入侵记录方法，电极直接放在脑皮层表面或植入更深的皮层区域，例如，海马区。海马区涉及工作记忆更新和维持。难以记录海马信号的最可能原因是海马结构（折叠，会产生封闭的场活动，因此信号被取消）和它可能被其他活跃区域掩盖的深处位置。iEEG 的优点是组合了精确的空间分辨率（不像头皮记录的 EEG）和精确的时间分辨率（不像其他的神经成像技术，例如，fMRI），它提供了短时间的间隔和有限的脑区来研究电生理活动变化的机会。由于 iEEG 是一种嵌入的仪器，并且仅仅在特殊临床需要时才使用，因此依赖于 iEEG 记录的研究并不多。

尽管时间上精确度高，时域分析也有特定的局限性。第一，它们采用了基于平均的反应程序的单变量方法，把电生理信号的复杂性减小到单个变量（例如，ERP 成分），这说明如果存在两种平行发生的不间断理解，两者可能会以相同的 ERP 成分反应或者会相互抵消。第二，它们忽视了信号的重要部分——不是时段—锁定，是噪音（然而可能会提供相关信息）的震荡活动。第三，考虑到 ERP 的单变量特性，可能很难获得与作为一个整体的句子相联系的神经活动，不是产生句子层面的成分，这种信息会嵌套在对组成句子的每个单词所引发的反应中。

在涉及视觉呈现刺激语料的句子理解实验中，由于眼睛的移动，并不建议在屏幕上一次呈现整个句子。另外，由于不可能对目标刺激语料时间锁定 ERP，句子通常是逐个单词呈现，以便对关键单词打码（mark）来记录理解句子时的特定信息,这会产生相对慢的语料呈现速度。对于参加二语句子理解实验的二语学习者来说,为了能够理解二语句子并且正确执行实验要求,根据不同的二语水平,每词呈现的时间间隔通常是 800～1 000 毫秒,这与通常的阅读不同,会给工作记忆增加负担并可能造成混淆。

与经典的行为实验相比,对 ERP 的解释更不清晰,因此需要更多的推断。在行为实验中,例如,分别判断测试 1 和测试 2 中的 20 个单词是真词还是假词。如果被试在测试 1 中比在测试 2 中按键多花费超过 60 毫秒的时间,便可以合理地得出结论:在测试 1 中理解和执行任务比在测试 2 中花费更长的时间。然而在 ERP 研究中,当测试 1 比测试 2 的峰位潜伏期更晚时,需要更多的假设和推论才能得出结论。二语学习者在行为实验中的反应时间通常比本族语更慢,来自神经成像的研究结果表明二语学习者对于结构上更难的句子显示出了增强的皮层激活(Hasegawa et al.,2002),这说明二语理解比一语理解需要更大的计算努力。

1.2.2.2 本族语句子理解中的 ERP 研究

传统意义上来说,独特的 ERP 成分与语言理解的不同层次有着密切联系,ERP 对句子理解中的语义和句法方面反映不同。心理语言学和神经成像证据表明,句法和语义表征在工作记忆里时间上是不相联系的,语义表征出现在句法表征形成的后面(Sachs,1967),两种表征有着不同的神经相关事物(Bornkessel-Schlesewsky & Schlesewsky,2013;Friederici,2011,2012;Glaser et al.,2013)。在两种效应的任一效应中,对嵌套在句子内关键单词的反应,可以在事件—相关违反设计中使用 EEG 传感器来测量。

大多数可获得的多词 ERP 研究集中于各种句法复杂性的句子。其中,研究者在具有易于整合的、更简单结构的句子中发现了缓慢持续的正波(Kutas & King,1996);而当理解更复杂的句子时,负波与增强的工作记忆需求相联系(在阅读理解中,King & Kutas,1995;Fiebach et al.,2002;在言语理解中,Müller et al.,1997)。

N400、P600 和 LAN 一直以来是被研究最多的 ERP 成分。ERP 对时间敏感,它们可以更深入了解受到探测代码—转换(code-switching)影响的理解特定方面。通常与代码—转换相联系的 ERP 包括由于预期的失败,与词汇—

语义层面的理解困难相关（Kutas & Federmeier，2000）的 N400，与工作记忆负荷和形态句法理解相联系（Caffarra，Mendoza & Davidson，2019；Molinaro et al.，2015）的 LAN 以及和与句子层面的重建相联系（Kolk & Chwilla，2007）的 P600。语言理解中两个 ERP 成分特别显著：N400 成分和 P600 成分（Kutas et al.，2012）。语义 N400 效应和句法 P600 效应通常被看作质上存在差异，并且很大程度上是各自独立的（Osterhout & Nicol，1999）。然而，大量证据表明了在线理解过程中句法和语义间的相互作用。许多研究者把这两种反应看作句子理解过程中与语义（N400）或语法（P600）理解相关的神经活动的指标，尽管有时也会报道这些效应的相反例证或额外特征（Osterhout，1997；Kuperberg et al.，2006）。

1. 语义违反——N400

N400 是一个最常被研究的语言成分，由 Kutas & Hillyard（1980）首次报导。在过去的 30 年间，它作为因变量已被运用到超过 1000 个实验中，主题从语言理解、通过语义记忆、理解面孔和手势到临床研究，例如，研究发展失调（developmental disorder）。N400 是在对语料引发 P3b 反应的修改实验中偶然被发现的（Kutas & Hillyard，1980）。句子中的单词逐个呈现给被试，这些句子或者有一致的结尾（刺激语料的 75% 一致；例如，"I shaved off my goatee and moustache."），或者句子的 25% 有奇怪的结尾（例如，"He planted eggplants in his truck."），或者有完全不正确的结尾（例如，"I drink my milk with cream and cat."），因此，被试产生了大的负波——对于语义上不规则的句子被试引发的负波最大。但是，对有一个奇怪的、尽管理论上可能的结尾，也出现了 N400。目标词起始后，大约 400 毫秒后达到最高值，标记为 N400（Kutas & Federmeier，2011）。

由语义违例所引发的位于大脑中央顶叶、潜伏期约 400 毫秒的负性脑电波，被称作 N400 效应（the N400 effect）（Kutas & Hillyard，1980；Osterhout & Nicol，1999），基本上出现在头皮右后侧，并且较多地分布在内背侧前额皮层（dorsal mPFC）。本族语明显比晚期学习者在前额和中央头皮区的 N400 违反效应的振幅更大，复证了先前的发现（Hahne et al.，2006；Moreno & Kutas，2005；Ojima et al.，2005）。

N400 易受到我们周围世界意思（meaning）的影响，并由于许多认知过程(例如,注意、记忆、语言和感知)而得到巩固,因此,N400 是一个非常可靠的、稳固的成分,我们可以借以研究直接与语义整合相联系的过程。N400 成分反映了初始阶段的输入信息正被储存为没被分析的(unanalysed)、程式语块(formulaic chunks)或者正从非临近的语素(McLaughlin et al.,2010)、从更后期阶段提取的可概括规则(Myles et al.,1998;Tomasello,2001)中计算的概率依存(probabilistic dependencies)。反映语义理解的 N400 成分对词汇预测(DeLong, Urbach & Kutas,2005;van Berkum et al.,2005)、拼写/语音分析(Deacon et al.,2004)、语义记忆通达(Kutas & Federmeier,2000)和语义概念统一(Hagoort, Baggio & Willems,2009;Kutas & Federmeier,2011)等敏感。

N400 与词汇—语义理解困难(包括涉及题元角色委派的困难)显著相关。由于单词异常的意思或者由于一系列词汇特征(例如,低频率),理解更有难度的单词时,N400 就会更大(Kutas & Federmeier,2011)。N400 在许多不同的实验范式中出现。首先,在词汇启动范式中,N400 被详细地记录。当目标单词与输入的单词(启动词)不相关(例如,语义上或范畴上)时,N400 效应(由一致的—不一致的刺激语料的不同波形引发)被发现。与相关的词对相比,不相关的词对会引发更大的 N400 振幅。其次,N400 也在听觉单词呈现中被发现(Bentin et al.,1993)。听觉单词呈现中的 N400 比视觉单词呈现(但仅仅在自然语言中;当按固定的速度呈现时,在时间上没有变化)出现得更早,并且持续时间更长。

在句子理解过程中,理解者逐渐构建对意思的信息层面(message-level)的表征。基于这些表征,句子中嵌套的(embedded)单词被整合。关键单词的意思越符合信息层面的表征,它的语义整合就变得越容易(由 N400 振幅的减小反映出来)。就语义违反反应来说,违反的关键单词(CW)被安排在已知句子中,被试很难把关键单词的词汇意思与它前面单词的意思整合(例如,"The pizza was too hot to cry."; Kutas & Hillyard,1984)。句子阅读中的语义理解可以通过监测 N400 振幅的 ERP 技术来研究,语义上不正确的句子结尾比语义上正确的句子结尾呈现更大的负波(Kutas & Federmeier,2011;Kutas & Hillyard,1980)。N400 效应通常被解释为由语义违反引发的 N400 和相同位置语义上正确单词引发的 N400 之间振幅差异的大小。大多数对 N400 成分的调节可以被看作发生在理解关键词之前大脑激活状态中变化的结果(Kutas &

Federmeier,2011)。N400 是唯一不受小组或语言水平影响的 ERP 成分。总的说来,单词引发的 N400 振幅能够测量当前单词和它之前单词的语义一致性,更相符会产生更小的振幅。

值得注意的是,仅仅对于任何不期待的语言操作,并不会引发 N400。在句子其他部分是小写而目标单词却使用大写字母(例如,"I shaved off my goatee and MOUSTACHE."")或者使用简单语法违反的句子(例如,leg 本应是名词复数,却是单数,"All dogs have four leg."")的实验中,被试并没有引发 N400 效应。仅仅对于任何语言的或非语言的违反,被试并不会引发 N400 效应。N400 效应与意思理解紧密联系,它在语言研究中更有力度。然而,它的应用不仅如此(Kutas & Federmeier,2011)。利用 N400 对有意义的刺激语料的敏感度,可以进行一系列语义调查,包括进行语义记忆如何在大脑中储存和提取的研究。

研究者们在不同通道中报导了 N400,例如,言语产出(Strijkers & Costa,2011)、手势语(Kutas et al.,1987)、假词(Leinonen et al.,2009)、图片(Nigam et al.,1992)、面孔(Debruille et al.,1996)。然而,值得一提的是,N400 头皮的电极分布,可以在每一种语境中变化(Kutas & Federmeier,2011)。由于 N400 效应已在运用不同种类的刺激语料(例如,单词、图片和声音)的研究中发现,Kutas & Federmeier(2011)提出 N400 效应应该被看作通道—依赖性(modality-dependent)而不是通道—特异性(modality-specific)。也就是说,不同种类的刺激语料可以引发 N400,尽管它们有许多相似性,例如,波形(waveshape)和时间过程(time course),但是 N400 依赖于使用的刺激语料的种类,并且根据特性(specifics)(尤其涉及地形时)而变化。例如,书写的单词在中央—顶区(centro-parietal)引发最显著的 N400;而图片集中于额—中央区(fronto-central)。van Patten & Rheinfelder(1995)提出当呈现视觉/听觉单词与有意义的环境声音或者与输入单词的意思相关或者不相关时,由单词引发的 N400 是右半球更占主导地位,而由环境声音引发的 N400 在左半球更占主导地位。

为了迅速、熟练地理解句子,理解者运用不同种类被储存的语义信息,包括以下几点:① 一组组概念间的语义相关性的知识(例如,music、piano、guitarist 通过分享共有的总图式而语义上彼此联系);② 由动词传达的、围绕特定事件和情形的可能施事(agent)、主位(theme)和乐器(instrument)的更有条理的真实世界知识（例如，"钢琴"piano 更应该由"钢琴家"pianist,而不是"吉他手"guitarist 弹奏）；③ 动词对论元（argument）的基于生命性的选择限制（animacy-based selection restriction）（动词"弹"strum 要求它的施事论元应该具有生命性（例如，"吉他手"guitarist），而不是无生命的（例如，"鼓"drum））。

（1）语义相关网络（semantic relatedness networks）

N400 的衰减（attenuation）把在各种语义范围内与启动单词相关的单词作为目标，包括范畴成员身份（category membership）（例如，牡丹—玫瑰）、语义特征（semantic features）（例如，烫发—整齐的头发）、间接相关的中介物（例如，斑马—老虎—条纹）和通过共同的图式成员身份（例如，铅笔—小学生）。

语义启动（semantic priming）通过求助于激活编码各种语义关系的可储存网络来解释。语义关系包括联想的（associative）（Collins & Loftus,1975）、特征的（featural）（Smith, Shoben & Rips,1974）和范畴的（categorical）（Collins & Quillian, 1969）关系。可储存网络也可编码更全面的脚本（script）或者基于图式的知识（Schank & Abelson,1977），例如，waitress、table、champagne 和 menu 的概念全与"餐厅"主题相关联，这种网络被看作语义相关网络。当一个启动词与语义相关网络相互作用并将之激活时，可以通过各种不同的机制来促进相关目标的理解，包括被动扩散激活（passive spreading activation）（Neely,1977）、积极预测（Becker,1980）和语义匹配（semantic matching）（Neely et al.,1989）。

一个单一的启动单词也可以在一连串单词（Foss & Ross, 1983）、没有意义的句子（Jabberwocky sentences）（van Petten,1993）和不一致的句子（Camblin, Gordon & Swaab,2007）中促进相关目标的理解。然而，这类纯粹的词汇启动效应（lexical priming effects）（例如，脱离更广泛的语境而受到单个启动单词驱动的便利）往往相当小（Coulson, Federmeier & Kutas,2005）并且时间短暂（Foss & Ross,1983），而且在一些情况下并不存在（Traxler et al.,2000）。相反，当启动词与周围的句子或语篇语境相一致并且集中时，对随后相关目标词的促进就会更显著（Morris & Folk,1998）。这说明，在句子和语篇理解过程中，相关网络不是主要受到单个单词的激活，而是受到前面语境的更高层面（higher-level）表征的激活，我们把这种更高层面表征看作语境表征（contexual representation）。这种介于语境表征和相关网络之间自上而下的相互作用，对文本理解的几种记忆模式至关重要。记忆模式认为这种共振(resonance)跨越相关网络,引发了激活的被动扩散,并产生了对语义上相关输入目标词的促进理解(Gerrig & Mckoon, 1998)。

决定语义相关性是否可以对特征而不是生命性优先于动词的选择限制(例如,具体性(concreteness))(例如,"The pirates buried the jewelry/*mutiny..."),或者更精细的特征(finer-grained features)(例如,"The man drank the *hamburger.")对未来的研究至关重要。解决这些问题对未来的研究也有许多重要的理论启示。

(2)真实世界事件/情形知识

我们对合理的,与我们真实世界知识相符的单词比不合理、不相符的单词识别(Marslen-Wilsen, Brown & Tyler, 1988)和阅读(Warren & McConnell, 2007)得更快,这种促进也使 N400 效应减弱(Bicknell et al., 2010)。激活相关网络,尤其是编码基于图式关系的相关网络,说明了真实世界知识对于句子和语篇理解的影响。然而关键是,它们不能充分解释所有效应:对与真实世界一致的(与不一致的)目标也发现了这种促进(facilitation)效应。例如,thief(与 cop)在描述可能事件的句子中发现了行为促进(例如,"She arrested the thief/cop."),而不是不可能的事件(例如,"She was arrested by the thief/cop.")(Ferretti et al., 2001)。同样,在具有完全相同的实义词并在语用上准许的(licensed)、相一致的肯定句与不一致的否定句中,关键词的 N400 减弱(Nieuwland & Kuperberg, 2008)。这些研究表明,除了在记忆内储存单词和概念之间总的、基于图式的关系,我们也编码更有条理的事件/情形表征,这些表征获取对于施事、题元和工具更具体的信息,而施事、题元和工具更可能参与由动词描述的、熟悉的、重复的事件或情形(McRae, Ferretti & Amyote, 1997)。这种更有条理的真实世界知识被看作真实世界事件/情形知识。由语境表征来激活的这种事件/情形知识,至少在某些情形下可以促进相符合的输入单词的理解,导致 N400 的减弱(Ferretti, Kutas & McRae, 2007)。保存在工作记忆内的语境表征被更新,并且在实际输入信息之前,对预期的信息或一系列语义特征履行职责(Delong, Urbach & Kutas, 2005)。

当与句子和语篇的语义情境不相符时,理解者会引发 N400,有以下五种情况:① 与前面句子的语义情境不符而出现的语义违例(例如,"He spread the warm bread with socks. ")（Kutas & Hillyard, 1980)；② 句子中的单词与句子相符但不可预测（例如："He mailed the letter without a thought. "），预期的单词应是 stamp（Kutas & Hillyard, 1984)；③ 单词违反真实世界知识（例如，"The Dutch trains are white..."），因为丹麦人的火车颜色是黄色的（Hagoort et al. , 2004)；④ 单词违反语义（例如，"The Dutch trains are sour..."），因为丹麦人的火车颜色是黄色的，同时 sour 与"味道"和"食品"相关（Hagoort et al. ,2004)；⑤ 单词在一个句子中可以接受，但与整篇文章的情境不符（例如，"Jane told the brother that he was exceptionally slow. "），文章的情境中他（he）实际上很快（very quick），单词 slow 引发 N400（van Berkum et al. ,2003)；⑥ 语用/语境预期甚至可以支配我们对有生命施事的语义偏爱。例如，通过文本语境中一个无生命的物体被描述为施事：Nieuwland & van Berkum（2006)提出了生命性违反（例如，"The peanut was in love. "）引发了确信无疑的 N400 效应，而当句子在证明违反是正确的语境中呈现时，不会引发 N400 效应（例如，"A woman saw a dancing peanut who had a big smile on his face. ...The peanut was in love. "）。

与说话者的性别、年龄和社会地位不相符时，理解者也会引发 N400（Hagoort & van Berkum,2007），有两种情况：① 刚学步的小孩不可能说（例如，"I studied quantum physics during my holidays. "）；② 感觉非常奇怪，当听到一位男士说（例如，"I think I am pregnant because I feel sick every morning. "）。

（3）对动词论元的选择限制

储存的语义信息通过动词的选择限制（动词对它的论元更粗略的语义限制（coarser semantic constraint））可以影响输入单词的词汇—语义理解。目前心理语言学探讨的最常见的选择限制类型是生命性（animacy）。例如，在 "The bed *slept" 句子中，单词 "bed" 违反了 "sleep" 对于有生命施事的限制，尽管两个单词在语义上高度相关。

生命性选择限制形成了真实世界事件/情形知识的一部分。然而，两种知识至少部分是可分离的：违反真实世界事件/情形知识，可能并不违反对动词的更宽泛的生命性选择限制。例如，在句子 "In front of the audience, the pianist *slept" 中，动词 "slept" 违反了我们对 "pianist" 在这种情形下最可能做的真实世界知识，但它没有违反生命性选择限制。生成语法的早期版本提出了具有动词—论元选择限制的心理词典，动词—论元选择限制是与真实世界知识分开的、独立的（Chomsky，1965）。然而，选择限制和与已知动词相联系的真实世界知识很难脱离（Matsuki et al.，2011）。另一方面，研究证据表明生命性作为一种语义特征有些享受特权：在一些语言中，生命性在句法结构内（Minkoff，2000）以及词法内（word morphology）（Malchukov，2008）被正式编码，甚至在并不正式限制句法结构的语言（例如，英语）中，生命性信息可以影响名词次序关系（noun ordering）（Rosenbach，2008）。语义信息（生命性）比句法信息（单词顺序）在题元角色委派（thematic role assignments）中扮演着更重要的角色（Li et al.，1993）。

在 ERP 研究中，违反选择限制也可以反映在对 N400 的影响上。理解者通常对于生命性选择限制违反会比非违反的单词引发更大的 N400，不管这种违反是否发生在动词本身，例如，"The honey was *murdered"（Bornkessel-Schlesewsky，Kretzschmar et al.，2010）或者论元中的一个（例如，"The businessman knew whether the secretary called the *article at home."）（Paczynski & Kuperberg，2011）。由选择限制违反而引发的这种 N400 效应，有时被解释为反映了命题的不合理性（implausibility of the proposition），即一旦把目标单词充分地语义—句法整合（包括题元角色委派）进它前面的语境，命题的不合理性就会产生（Friederici & Frisch，2000）。相反，对于选择限制违反的 N400 效应反映了动词的选择限制和它论元的粗略语义特征（例如，生命性）之间的不匹配（Paczynski & Kuperberg，2011）。因此，语境表征与动词的词汇表征相互作用，促进了与选择限制相匹配的论元理解，这可通过积极预测机制或者语义匹配进一步发生。当论元与动词的词汇表征不相匹配时，这种促进效应不会发生，并且 N400 效应也不会减弱。

（4）基于语义记忆的理解

由于 N400 可以由非语言刺激因素引发，它也可代表更全面的、基于记忆的理解（memory-based processing）（Kuperberg，2007；Osterhout et al.，2012；Morgan-Short & Tanner，2014）。N400 成分表明了从记忆中（非—组合）提取单词的意思（Brouwer et al.，2012；Lau et al.，2008）。基于语义记忆机制指的是通过语境（在关键单词前面）的表征和各种储存的语义关系之间的相互作用，对一个正输入的关键单词的语义特征产生预期；它们也包括这种期望与即将出现单词的语义特征的匹配或不匹配的程度，这种程度影响了 N400 对此单词的调解。语境中实义单词之间的强语义相关性,至少在这些任务和实验条件下,可以优先于以真实世界事件/情形知识为基础的期望,而不必推翻基于对论元生命性的动词选择限制的期望。

总之,在理解过程中,语境表征可以与不同种类可储存的语义信息相互作用,以便影响一个正输入单词的语义理解。通常我们把语境表征、在不同的特性中表征多种可存储的信息和一个正输入单词的语义特征三方面的相互作用称作"基于语义记忆的理解"(Kuperberg, 2007)。一个正输入单词的 N400 振幅反映了语义特征与基于前面的语境表征和储存的语义知识之间相互作用的期望相匹配的程度。这种期望可以是基于多种储存的语义知识,一些期望可能优先于其他的期望。然而,所有这些类型的被储存的语义知识对从语义上理解这些单词有直接的影响——因此我们把它们组合成为基于语义记忆的分析(semantic memory-based analysis)(Kuperberg, 2007)。我们区分了基于语义记忆理解的两个阶段。

① 第一阶段构成语境表征和储存信息之间的相互作用,便于对一个特别的词汇项目或一组分享共同语义特征的词汇项目产生期望。这些期望可以通过被动的激活扩散以及更积极的预测而产生。我们把此阶段称作期望产生(expectancy generation)。我们把任何被激活的表征称作"被期望的表征"。

② 基于语义记忆理解的第二阶段是由期望的表征与正输入的目标单词的语义特征相匹配组成的。我们把此阶段称作语义匹配。期望产生和语义匹配的理解过程不可能总是暂时独特的。例如,期望产生可以进一步在语义匹配过程中受到与正输入单词的自下而上感觉信息的相互作用的限制(van Petten et al. , 1999)。

在正常的语言理解过程中,一个正输入的单词会经常与基于所有这些不同种类的可储存的语义知识的期望相一致。它们会协同合作来促进正输入的单词的理解。这是因为在每天的交流过程中,这些不同种类的语义信息往往会同时发生。对动词的选择限制是事件/情境真实世界知识的一部分。用来描述可能事件的单词,更易于在语义相关网络内被储存。因此,当阅读者遇到语境"The violinist played his music while the bass was strummed by the..."时,他们的语境表征可以与关于什么单词与"乐队"(band)相关的、更全面的、基于图式的相关网络相互作用。语境表征也可以与对"演奏"(strum)被储存的词汇表征相互作用，"strum"对有生命的施事的限制进行编码。最后，语境表征也可以与关于"谁"尤其可能执行"演奏贝斯"（strumming a bass）这项行动的更精细的、有条理的事件真实世界知识相互作用。如果正输入的单词是"吉他手"（guitarist），它符合所有这些不同种类的期望（通过图式—成员身份，"吉他手"语义上与"乐队"图式相关，"吉他手"是有生命的施事，并且它可能是"贝斯"的弹奏者）。因此，"吉他手"的N400会变弱。

同样，当违反真实世界期望的、正输入的单词与期望的单词或者前面的语境共享语义特征（Federmeier & Kutas，1999）、范畴关系（Ditman et al.，2007）或者基于图式的关系（Otten & van Berkum，2007）时，它们的N400成分部分地减弱。事实上，有时这种N400减弱是完整的。例如，Kolk et al.（2003）和 van Herten et al.（2005）在违反真实世界知识的单词中根本没发现N400效应，但在与语境共享密切的语义和题元关系的单词中却发现了N400效应。

我们并不清楚语义相关是否能影响选择限制违反的理解。从探讨选择限制违反的动词的一系列ERP最初研究结果表明，语义相关确实能影响选择限制违反的理解。Kuperberg et al.（2003）发现语义上与前面语境相关的选择限制违反的动词，并没有产生任何N400效应（与不违反的动词相对），例如，"Every morning at breakfast the boys/*eggs would eat..."（Kim & Osterhout，2005）。然而，更后面的研究表明，不仅对于相关的，而且对不相关的选择限制违反的动词，N400效应也减弱了，例如，"Every morning at breakfast the eggs would *plant..."（Kuperberg et al.，2007），并且通过直接比较由相关的和不相关的选择限制违反的动词产生的N400振幅，研究者们已经有了一些混合发现。我们也并不确定语义相关性是否可以促进目标名词的理解，这些目标名词违反了对它们前面动词的选择限制，一些研究显示有促进效应（Nieuwland & van Berkum，2005），而一些研究显示没有促进效应（Paczynski & Kuperberg，2011）。

（5）预测和整合中的N400

与整合和预测相关的敏感标记是N400成分（Kutas & Hillyard，1980）。预测理解——尤其是预测语义内容——似乎在句子理解过程中普遍存在，并且这种预测理解也会与整合句法结构同时发生。一语阅读者引发更大的N400效应，可能反映了对即将出现信息的积极预测和对碰到的单词被动整合的组合。

① 预测中的 N400。N400 是预测的标记。预测指一个单词的记忆表征在此单词以输入的信息呈现之前就被激活。预测(提前激活目标单词)是句子理解的重要方面(Huettig & Mani,2016;Szewczyk & Schriefers,2017)。当理解任何概念上有意义的语料时,N400 成分普遍存在。一语理解者比二语理解者的N400 预期效应明显更大。

前面语境中可预测的单词比不可预测的单词更加能促进理解,由 N400成分减弱的振幅(Federmeier,2007)或者更早的 N400 效应启始(Leon-Cabreraet al.,2017,2019)表明。N400 由所有单词(或其他有意义的语料)引发,并且它的振幅反映了单词的意思与它所存在的语境(例如,句子前面部分)意思相一致的程度。当单词嵌套在支持的语境中,由单词引发的 N400 成分变小(Hagoort et al.,2004;Kutas & Federmeier,2000,2011)。重要的是,与任何不预期的名词相比,句子中最预期名词的 N400 平均振幅也会变小(DeLong et al.,2005;Federmeier & Kutas,1999;Federmeier et al.,2002)。N400 在所谓的词汇通达过程(在长时记忆中激活或构建单词表征的过程)中引发。连贯的句子自动地提前激活了与句子相一致的单词。相反,当单词不一致时,阅读者会产生大的 N400,因为没有提前激活单词表征,不得不执行完全的词汇通达(fulllexical access)。

② 整合中的 N400。N400 反映了词汇提取的各个方面,即不费力地把单词意思整合进当前的心理表征以及把后词汇整合(postlexical integration)进情景的记忆(Lau,Phillips & Poeppel,2008;Kutas & Federmeier,2000)。

整合理论(integration theory)认为 N400 是不一致的指标,在所谓的语义整合过程(语言理解的一个假定阶段)中引发。在此阶段,从长时记忆中提取的单词与句子前面部分的概念表征整合(Hagoort,2008;Sereno,Rayner &Posner,1998)。相一致的单词意思容易与语境的意思整合,而不相一致的单词意思很难整合。因此,整合严格意义上来说是一个自下而上的过程,它仅仅发生在单词已作为句子的一部分出现,并且开始了词汇通达之后。整合说(integration account)认为对 N400 成分的调节不能是预测的结果(Hagoort,2008)。

2. 句法违反

句法违反涉及两种初始成分:左前额负波(the left anterior negativity,

LAN)和 P600。LAN 与句子理解中的工作记忆相联系(Vos et al.,2001;Münte,Schiltz & Kutas,1998)。语法违反的反应(甚至在本族语和熟练的二语学习者中)也存在广泛的个体差异。

在句法理解的语境中,使用时域分析的最常见范式是违反范式(violation paradigm),这种范式把由包含不同种类(形态)句法错误/违反的单个单词引发的 ERP 反应和它们相对应的句法上正确的单词进行比较;另一种产出性范式是使用歧义词代替不正确的单词。

(1)左前额负波

在刺激开始后 100~200 毫秒引发的早期 LAN 和出现在 300~500 毫秒窗口的 LAN 存在差异。

不经常引发的早期左前额负波(ELAN)处于 P600 之前。当违反词组结构或单词范畴时,ELAN 涉及对词组结构信息的自动化理解,例如,当一个被动分词(不是一个名词)跟随在一个限定词之后(the stolen book)(Friederici et al.,1993)。此效应在功能上反映了局部词组结构的最初构建。局部词组结构依赖于从言语输入信息中提取和分析句法范畴信息,此过程被认为是自动的,并独立于注意理解(Hahne & Friederici,1999)和任务需求(Hahne & Friederici,2002)。然而,ELAN 在证据中不可靠,尤其是在阅读中(Tanner et al.,2013)。

更晚的成分 LAN 最初由 Friederici et al.(2002)提出,由违反形态—句法一致的理解过程而引发。但后来此解释一直受到质疑:Hagoort et al.(2003)认为 LAN 由词组结构违反而引发;Deutsch & Bentin(2001)认为 LAN 是一致性违反的早期指标;LAN 出现在形态句法违反之后的大约 400 毫秒,并且由左前额负波效应反映(Dube et al.,2016;Gunter et al.,2000);LAN 主要出现在一些本族语理解的神经认知模式中,出现在前额皮层(左侧),尤其是布罗卡区,包括前额的双侧(bilateral anterior)和颞的更左侧分布(more left temporal distribution)。

一直以来,人们把 LAN 与以规则为基础的自动化句法分析相联系(Hahne & Friederici,1999)。LAN 反映了早期句法整合或首一通语法理解(Friederici,Pfeifer & Hahne,1993)。一些研究者认为 LAN 是与形态句法一致普遍相关的理解(Molinaro et al.,2011),它由语法违反和花园小径句子引起。LAN 效应通常可在罗曼语言的局部形态句法违反中观察到,并且一直被解释为反映了理解句法整合(Gunter et al.,2000)、形态句法不匹配探测(Hagoort,Brown & Osterhout,1999)或者工作记忆负担(Coulson et al.,1998)。对于更平常,但还不是经常出现的 LAN 的语言特性存在争议。一些研究者认为它反映了句法特有的过程、句法违反的指标——输入信息和基于前面输入信息的预测特征的不匹配(Molinaro et al.,2014;Steinhauer & Drury,2012)或者预测和后一词汇整合理解的组合(Kutas et al.,2014);孤立出现时,LAN 可以反映其他种类的句法理解,例如,需要在工作记忆中储存的(多)从句中计算长距离依存(Fiebach et al.,2002;King & Kutas,1995)。而其他研究表明它是工作记忆负荷更综合的指标,即短暂的左前额负波通常与工作记忆操作(例如,暂时地储存或提取特定的元素)相联系(Fiebach et al.,2002;Piai et al.,2013;Matzke et al.,2002)。当理解句法结构难度更大的句子(King & Kutas,1995;Fiebach et al.,2002)或者事件呈现的语言顺序与概念顺序并不匹配(Münte et al.,1998)时,跨从句负波始终与增强的工作记忆需求相联系。在空位(gap)引发的 LAN 效应一直被解释为与增加的工作记忆负荷相关。LAN 对产生增强的语义—概念负担(semantic-conceptual load)和句法上苛求的结构(syntactically demanding structures)进行句子理解。语言的形态越丰富,理解时语法角色的分配越相关,发现 LAN 效应的概率越高。

LAN 由句法错误而不是语义错误引发。LAN 效应与 N400 成分在相同的时间窗口,尽管时间进程与 N400 相似,但 LAN 显示出不同的地形分布,并且 LAN 和 N400 没有显著相关。LAN 的信号在左前额电极出现最大值,这与信号在中线的中央—顶骨电极出现最大值的 N400 相反。LAN 实际上是一种由于跟随其后的 P600 而具有偏离地形的 N400(Tanner,2014;Tanner & van Hell,2014)。N400 通常属于词汇—语义理解,是显示与 LAN 相似的极性和潜伏期的负向波线,但头皮分布与 P600 极相似。考虑到 P600 和 N400 之间头皮分布的重叠和随后对潜伏期的影响,它们的共存可能引发 N400 出现在头皮的左前额部分,因而造成 LAN 的假象(Molinaro et al.,2015)。

(2)P600

本族语另一个重要的 ERP 成分是 P600。通常(E)LAN 成分后面跟随着 P600。当出现新词句法违反时,就会出现峰值约 600 毫秒的晚期中央顶叶脑区正波 P600。P600 是脑头皮后部分布,往往持续几百毫秒,是长时间持续的正电压漂移(positive voltage shift)。P600 也是大多数实验设计中常见的衡量标准,称作 P600 效应(the P600 effect)(或句法正漂移,syntactic positive shift)(Osterhout & Holcomb,1992;Osterhout & Nicol,1999)。P600 反映了涉及句子结构和可能的语义不一致的各种信息语流和不规则修复的事后整合。P600 在结构整合过程中至少部分地与理解代价相联系(Steinhauer & Connolly,2010)。每个单词也会调节 P600 振幅,反映了被提取的意思与正展开的言语表征的整合,产生了更新的言语表征。当阅读者正展开的言语表征需要大量重组时,这些整合理解过程可能增强,因而产生了 P600 振幅的增强。P600 会随着语言水平的提高而出现或者增强。

P600 成分对一系列单词引发的解释问题敏感,从句法性质问题(Gouvea et al.,2010)到语义性质(Bornkessel-Schlesewsky & Schlesewsky,2008;Brouwer et al.,2012)或者语用性质(Hoeks & Brouwer,2014)的问题。重要的是,这些晚期控制的反应(P600)被认为在质上不同于更自动的句法理解(LAN),引起 P600 效应的晚期控制理解也对分布线索(distributional cues)(例如,错误频率(error frequency)(Coulson,King & Kutas,1998;Hahne & Friederici,1999))和指称线索(indexical cues)(例如,外国口音的存在(presence of a foreign accent)(Grey & van Hell,2017))敏感。

P600 由反应各种认知活动的子成分组成(Friederici et al.,2001;Steinhauer & Connolly,2010),这些活动可能包括对句法不规则的判断和再分析(Friederici et al.,2001)、对多种信息流的整合(Kuperberg et al.,2007;van Herten et al.,2006)和与任务相关的评价(Sassenhagen et al.,2014)。显著的(没解决的)预期违反引发 P600。P600 反映了理解与预期的语言表征相冲突的刺激语料,并且后期试图消除或再分析这种冲突。同时,P600 一直与监察和再评估理解过程相联系(van de Meerendonk et al.,2010)。P600 反映了监察过程的总意图,即在各种域中比较预测与实际输入,包括句法、语义和其他包含数学和音乐的序列。

① 句法违反。P600 是在目标单词开始后 500~800 毫秒发生的活动的正波,它表明了理解句法上不正确或不可取的句子(Osterhout & Holcomb,1992;Hagoort et al.,1993)。相比于 LAN,P600 效应与句法操作更相关,更可靠。Osterhout et al.(1993)认为 P600 成分随着对句子的句法持续的期待程度而变

化。因此,语法上不正确的延续部分比语法上正确但不可取的句子产生更大的 P600。与控制条件相比,P600 对更难处理的延续部分会敏感,即使它们语法上正确和更可取(Kaan et al.,2000)。因此,P600 可以反映对句法上不规则句子理解时期望信息的"复核"。句法理解困难也引发了 P600,反映了控制的句法理解代价(Phillips et al.,2005)。P600 对于句法违反通常引发更大的正波,但并不清楚此成分实际反映了什么类型的理解过程。重要的是,这些晚期控制的反应(P600)被认为在质上不同于更自动的句法理解(LAN)。尽管 P600 也被认为是表明了不可解决的题元或语义不规则(van de Meerendonk et al.,2010),研究者们一致认为 P600 表明句法整合(Osterhout et al.,1994)和/或再分析(Kaan et al.,2000)。P600 振幅部分地反映了已知结构符合语法理解的程度。

P600 一般是由题元违反、格一致违反(agreement of case)、词序违反、名词性的(性/数)一致违反和其他违反(例如,短语结构、动词时态、次范畴、主谓一致、成分移动)等引起的,而且还由其他的语法特性引发,例如,复杂性(Kaan et al.,2000)。就语法违反反应来说,被选择的违反关键单词与语法原则(例如,数一致,"The children walks to school."(Osterhout & Mobley,1995))或者词组结构原则(例如,"Max's proof the of theorem..."(Neville et al.,1991))不相符。语法理解代词(pronouns)时,一些研究被试引发了 P600;但一些研究被试引发了 270~1 500 毫秒时间窗口内的额负波(frontal negativity)(Grey & van Hell,2017;Xu,2019)(这种额负波被称为 Nref,反映了在记忆中寻找恰当的先行词或者消除所指歧义)。理解符合规范的,但在某处包含至少两种结构供选择解释(例如,花园小径句)的句子会使被试产生 P600 效应,此效应功能上被解释为句法再分析的标志。同样,当与更易于句法分析或更可取的句子相比时,P600 效应已在更复杂或更不可取的、符合规范的句子中发现。

一些研究者利用句法违反可以影响语义这个事实,调查了并不明确的心理语言学方面的理解,例如,代词(her)和先行词(the boy)之间的性一致。这类实验的结果清楚地表明,相似的违反仅仅调节 P600(并且可能是 LAN)而不是 N400,这说明它们被感知为句法,而不是词汇—语义的(Osterhout & Mobley,1995)。

这种所谓的 P600 效应,反映了与试图修改错误(Friederici,2002)、高层面整合理解(Brouwer, Fitz & Hoeks, 2012)或者冲突监督(van et al., 2009)相联系的句法分析的晚期控制理解。

② 理解语流。基于语义—题元违反的 P600 的发现,Kuperberg(2007)提出了两条理解语流平行运行的句子理解模式,即语义理解流(semantic memory-based stream)和联合理解流(combinatorial streams)。语义理解流在句子成分中计算语义特征和关系,由语言输入信息逐步形成的语义方面的违反主要反映在 N400 成分中。句子理解的初始阶段并不一定是纯粹的句法理解过程,语义信息会进入到这一阶段。语义理解流基于语义记忆处理词类信息间的语义关系,并与语义记忆的存储信息相联系。N400 会出现在语义违反句子中。另一个联合理解流对语言限制敏感,包括对形态句法和题元角色关系的限制。当两种语流提供自相矛盾的输出时(例如,当第一种语流的语义解释输出与句子中的形态句法或题元信息相矛盾时),必须持续分析来解决这种不一致,并且这种延伸的分析被反映在 P600 成分中。研究者也强调了多种表征之间的冲突(van Herten et al., 2005)。

联合机制(combinatorial mechanisms)指的是运用句法和语义限制,把关键单词与前面的语境整合来产生命题解释。当产生的命题是不合理和不可能时,而不是不合理但是可能时,由 P600 效应反映的额外分析/再分析在这些任务和实验条件下会随之发生。P600 表明了对心理模式更新的(组合)理解过程(Brouwer et al., 2012)。

联合机制是语义上和句法上把一个正输入单词的意思充分整合进语境的一系列理解过程。通过语义—句法整合,我们基于语义和句法限制,围绕一个动词(决定谁对谁做了什么)充分分配题元角色。我们把这种分析广义地看作一种充分的联合分析(combinatorial analysis)(Kuperberg, 2007)。特别是,当被试专注于理解时,组合分析会输出一个对意思完整命题的、信息层面的表征。这种表征组成了"语境表征",这种"语境表征"随后与储存的资料相互作用,以便对随后的单词产生预期(expectation generation)。众所周知,通过违反句法限制来破坏组合分析,能引发后部分布的(posteriorly-distributed)晚期正波效应,即 P600。这种波形反映了一种试图进一步把违反的单词整合进语境的持续分析或再分析(Hagoort, Brown & Groothusen, 1993)。

P600 效应是由经常依赖于语言制约的组合过程引起的,这些制约包括形态句法规则或者预测（Hagoort & Brown，2000）和动词论元（verb-argument）组合制约（例如，生命性限制（Paczynski & Kuperberg，2011））。通常，语义动词论元违反引发了 P600，如 "...the eggs would eat..."（生命性违反）；形态句法违反引发了 P600，如 "...the boys would eats..."。当两种语流的输出相矛盾时（第一种语流的语义输出与句子中的形态句法或者题元信息相矛盾时），就必须持续分析来解决这种不一致，于是这种延续的分析被反映在 P600 成分中，是另一种语言理解模式——联合语流（Kuperberg，2007；Osterhout et al.，2012；Morgan-Short & Tanner，2014）。

因此，我们把基于语义记忆的理解和组合理解之间的相互作用理解为高度动态的，即在逐个单词的理解过程中，两种机制平行运行。

③ 语义 P600。在一些情形下，P600 效应是由特定的语义违反引发的（Kuperberg，2007），被定义为语义 P600（semantic P600）。

除了句法违反引发 P600 效应，P600 效应还可以由无歧义简单句的语义违反而无句法违反所引起。P600 效应主要受到语义题元吸引（semantic-thematic attraction，关键动词和它前面的论元，即主语名词短语之间的语义题元吸引）、语义联系（semantic association，关键动词与前面的论元，即主语名词短语间的语义联系；单词间的联系或故事文本中单词间的语义联系）、题元违反（thematic violation，即一个或多个论元违反了关键动词的内在题元结构）、生命性违反（animacy violation，即论元的生命性违反了动词对论元的生命性限制）、情境违反（contextual violation）等一方面或几方面共同影响：语义题元吸引、语义联系、生命性违反、题元违反（例如，"The meal was devouring..."）；语义联系、题元违反、生命性违反（例如，"To make good documentaries cameras must interview..."）；情境违反（例如，"Every morning at breakfast the boys would plant..."）；对有生命的施事作为主语的动词（agent-subject-verb，ASV；例如，"The moths have eaten the girls too fast."）。

同时，荷兰语、英语和法语本族语者在定语从句中由于语义颠倒不规则（semantic reversal anomalies）而不是预期的词汇—语义 N400 效应也引发了 P600 效应，即所谓的"语义 P600"（例如，"The mouse that chased the cat was hungry..."）。

研究者们的大量辩论集中于是什么引发了语义 P600，他们已提出两类框架来解释这种现象。

第一类把组合分析再划分为语义和句法成分,语义 P600 是由正在竞争的语义和句法解释机制的输出之间的冲突引发。Kim & Osterhout(2005)提出了动词和它的论元之间的强"语义吸引","The hearty meals were *devouring..." 会使分析者得出不正确的语义上形成的合理解释,例如,与对词组的充分句法解释相冲突的句子(例如,"The hearty meals were devoured...")。Hagoort, Baggio & Willems(2009)提出包含单词间强烈的语义相关的明显语义提示,语义提示足以影响对与充分的句法解释冲突的最初解释,引发 P600。Kim & Osterhout(2005)和 Hagoort et al.(2009)认为当语义提示比句法提示更强时,才可以观察到语义 P600 效应。

第二类作为引发语义 P600 效应的关键因素,更强调由充分的组合分析产生的命题的总不合理性和不连贯性(van de Meerendonk et al.,2009)。严重的不合理和不可能命题可以引发 P600,甚至当关键词并没有语义上吸引到它前面的论元(Stroud & Philips,2012)以及当它与前面的语境完全不相关(Stroud, 2008)时,例如,"...every morning at breakfast the eggs would *plant..."。对于是否产生 P600 的关键是阅读者是否确实可以发现这种不合理性(Sanford et al., 2011)。P600 对识别不合理性的敏感性也解释了为什么任务在调节这种效应时扮演着重要角色。在被动阅读中,阅读者观察到生命性选择限制违反引发了 P600 效应,但这种效应比要求被试做出清晰的合理性判断时更小(Wang et al.,2010)。

(3)LAN—P600 双相模式

LAN—P600 双相模式被一些研究者认为是本族语(形态)句法理解的一种关键神经特征(Molinaro, Barber & Carreiras,2011)。本族语者的 ERP 模式由 LAN 伴随着 P600 组成,这两个成分反映了本族语者早期相对自动化的句法分析过程(LAN)的中断和随后对句子结构的再分析和修复(P600)。LAN 效应反映了形态句法理解的一个更早的、更自动化的阶段,而 P600 效应反映了一个能兼顾不同种类信息(包括语义)控制的阶段。P600 在(形态)句法理解的整个 ERP 研究中是显著的、能复现的,而 LAN 是多变的并经常缺失,它的功能意义仍然在讨论中。

尽管 LAN 和 P600 经常一起出现,形成了 LAN—P600 双相反应,但许多研究只产生一种效应而没有另一种效应(Meulman et al.，2015；Schacht et al.，2014)。例如，对于英语中主语和动词之间的数一致违反(number agreement violation)，被试引发了 LAN 效应(Osterhout & Mobley，1995)；而对于介于情态助动词和动词(例如，"the cat won't *eating/eat the food")之间的动词限定违反(verb finiteness violation)，被试仅仅引发了 P600 效应(Kielar et al.，2015；Schneider & Maguire，2018)。相反，对于西班牙语和意大利语中主语—动词和限定词—名词一致违反，被试经常引发 LAN—P600 双相模式(Caffarra et al.，2015；Caffarra et al.，2017)。

4. N400—P600 双相模式

一些 ERP 研究已发现学习者大脑中的系统性变化。此变化有时被称作"双阶段模式"，以 N400 和 P600 成分之间的转变为特征。本族语者和高水平学习者理解形态句法违反时，可以是或者 N400—或者 P600—占主导地位，依赖于各种因素，例如，性、偏手倾向和各种语言线索(Tanner et al.，2013，2014)。尤其是，双相反应是平均不同小组被试数据的结果。

到目前为止，在 N400—P600 双相模式中已调查了以下领域(Rastelli，2018)：动词屈折变化(verb inflection)、形容词词形变化(adjective declension)、名词词组中的性和数一致、动词词组中的动词—主语一致、词序、补语—从句结构中的动词顺序。

工作记忆一直被认为是在一语句子理解中对 ERP 相关事物的预测，尤其是 P600 和 N400(Kim et al.，2018；Nakano et al.，2010)。

Nakano et al. (2010)实验证明了工作记忆容量影响句子理解时，被试运用生命性知识而不是世界知识。高广度被试对题元违反的动词的生命性信息敏感，运用组合信息(句法和题元信息)引发 P600 (例如，"The box is biting the mailman.")；低广度被试运用单词间词汇—语义关系信息(世界知识)，而不是生命性信息引发 N400 (例如，"The poet is biting the mailman.")。

Kim et al. (2018)探讨了言语工作记忆是导致句子理解过程中句法理解困难和语义理解困难之间权衡的主要因素。高广度被试在"语义吸引"的句子中引发了更大的 P600 效应和更小的 N400 效应(例如，"The hearty meal was devouring.")，而低广度被试在"语义吸引"的句子中引发了更大的 N400 效应和更小的 P600 效应(例如，"The dusty tabletop was devouring.")。

5. ERO——EEG 中的大脑皮层震荡

对大脑皮层 EEG 震荡（oscillation）的分析起源于基于 EEG 的研究。德国神经生理学家 Berger（1929）观察到从人类头皮中记录的大约 10 赫兹的主要震荡。Berger 对这个频段的活动创造了词汇 Alpha 频率，使用了希腊字母表的第一个字母。他把人类 EEG 活动中的第二类有节奏的活动称为 Beta（频段为 12～30 赫兹）。按照此连续的顺序，Adrian（1942）把对刺猬的气味刺激观察到的大约 40 赫兹（更笼统的是，30～80 赫兹）的震荡称为 Gamma 波。随后发现的 4 赫兹以下的慢震荡被定义为 Delta 波。最后，每秒（4～8 赫兹）循环 4～8 次的波被以起端区——丘脑的第一个字母命名为 Theta 震荡，如表 1-1 所示。

表 1-1　已确立的频率波段和它们的名字

频率（frequency）	名称（name）
0～4 赫兹	Delta
4～8 赫兹	Theta
8～12 赫兹	Alpha
12～30 赫兹	Beta
30～80 赫兹	Gamma

（1）句子理解中的大脑皮层震荡

近年来，高层面语言理解（例如，句子理解）的神经震荡作用已广泛受到重视（Ding et al.，2016；Meyer et al.，2016；Rommers et al.，2017）。研究者把神经震荡与支持句子理解的工作记忆理解相联系。

典型工作记忆负荷的 EEG 测量，例如，EEG Theta（4～6 赫兹）、Alpha（8～13 赫兹）和 Beta（14～24 赫兹）频率波段（Palomaki et al.，2012；Scharinger et al.，2015）。研究表明，保存过程中增加的工作记忆负荷与先前记忆保存过程中增加的 Theta、Alpha 和 Gamma 功率相关联（Roux et al.，2012；van Vugt et al.，2010）。

① Alpha 频率。Alpha 功率增强与对不相关刺激的更强抑制（Klimesch et al.，2007；Bazanova & Vernon，2014）、通过抑制不相关的脑区而门控（gating）信息（Jensen & Mazaheri，2010）和在特定的句子理解时持续增加的工作记忆储存

需求(Meyer et al. , 2013)相联系。Alpha 波段非同步(desynchronization)更可能在左半球与语言相关的皮层区产生。非同步与句法结构结合预测了成功的句子理解,有益于把句子编码进工作记忆中(Vassileiou et al. , 2018)。

Alpha 波段震荡涉及句子理解(Segaert et al. , 2018)。Alpha 活动与大量认知理解相联系:Alpha 波段震荡在工作记忆中储存句法信息时扮演着角色(Meyer, 2017);形成对句子内名词词组的句法关系信息编码的表征,对把句子编码进工作记忆至关重要(Bonhage et al. , 2014)。因此, Alpha 波段震荡可以归因于有益于成功编码的工作记忆资源;当收听自然速度的句子时,与言语工作记忆相关的 Alpha 波在成年人和儿童(年龄 10~12 岁)之间的差异很小(Schneider et al. , 2018)。图 1-12 介绍了 10 秒未滤波、自然的 EEG 的 Alpha 活动(8~12 赫兹);图 1-13 呈现了枕部 Oz 电极区视觉刺激引发的 10 赫兹震荡。

② Beta 频率。Weiss & Mueller(2012)把 Beta 活动与语言理解(例如,工作记忆和制约)相关的一系列过程相联系。Beta 波段震荡可能反映了特定的句法理解,例如,结构上组合单词(Bastiaansen & Hagoort, 2015)或者与句子层面合成意思相关的、更全面的理解(需要基于结构和基于内容的操作)(Schoffelen et al. , 2017)。Beta 波段震荡对句子编码需求敏感(Bonhage et al. , 2017)。工作记忆文献中提出 Beta 波段的非同步帮助记忆编码(Hanslmayr et al. , 2012, 2016)。非同步由句法违反而非语义违反引发(Davidson & Indefrey, 2007),由对语义上颠倒句子的详细事后句法分析(detailed post-hoc syntactic parsing)(当分配"who did what to whom"的语义线索缺失时)(Kielar et al. , 2014; Kielar et al. , 2015)引发。Beta 震荡也一直与认知理解(例如,记忆复述)相联系(Tallon-Baudry et al. , 2001)。

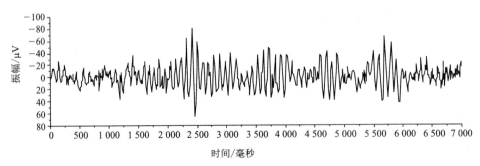

图 1-12 Apha 活动

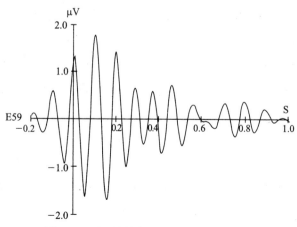

图 1-13 视觉刺激引发的 10 赫兹震荡

③ Theta 频率。从句子理解的角度看，Theta 活动是合理的选项，因为阅读句子时逐渐增加了 Theta 功率（Bastiaansen et al.，2009）。在更广泛的语境中，低频段 Theta 振幅／功率的减小与各种认知任务在认知上不太相关（Wascher et al.，2014）。Bastiaansen et al.（2010）把 Theta 频率的增强归因于输入信息的"工作记忆痕迹"；理解语法上正确的句子时 Theta 波段功率增加。健康、年轻的成年人事件相关 Theta 功率的变化尤其与句子理解时言语工作记忆的需求有联系（Meyer et al.，2015），这说明 Theta 功率受到类别一般性和类别特殊性工作记忆需求的调节。与不复杂的句子相比，阅读者理解更复杂的句子时发现了增强的 Theta 频段（Weiss et al.，2005），这说明 Theta 节奏受到耗费记忆的句子调节。Theta 波段功率的增加和工作记忆的编码和提取之间存在着显著相关（Bastiaansen et al.，2005）。Theta 活动随着对工作记忆系统需求的增加而增加（Meyer et al.，2015），Theta 效应可能能够反映工作记忆的认知控制功能（Sauseng et al.，2010）。

④ Gamma 频率。在高频率震荡中，Gamma 波段一直由于与更高级大脑功能的显著相关而受到大量关注，Gamma 波是与注意力和记忆相关的快速震荡波。一些学者甚至认为 Gamma 可能是有意识的神经相关事物（Llinas & Ribary，1993）。Nelson et al.（2017）从阅读各种长度和结构的句子的病人中获得了头颅内直接的记录，报道了快波 Gamma 对依然属于不完整成分的句法节点的数量敏感。

⑤ Delta 频率。Bonhage et al.（2017）报道了句子编码过程中 Delta 波段功率的增加。Ding et al.（2015）和 Meyer et al.（2016）提出 Delta 频段的震荡活动涉及词组和句子的逐步构建，因为词组和句子是通过句法规则而互相联系的、有意义的多词单位。在言语理解过程中，Delta 波段频率的电生理反应与句法词组结构结盟。一方面，Delta 波段震荡可跟踪句法结构的外部听觉标记，句法结构作为音高调整存在于言语韵律中（Ghitza, 2016）；另一方面，Delta 波段震荡的频率可以在实验中受到驱动，以便与按照句法的词组出现频率相匹配（Zhang & Ding, 2016）。尽管缺少听觉标记，内在生成的句法结构会更新 Delta 波段震荡的时段（Meyer et al., 2017），并且 Delta 波段功率会随着句法结构的出现而增加（Bonhage et al., 2017），即 Delta 波段震荡对句法信息敏感，句法信息按音位、音节和语调词组比率独立于听觉信息的电生理追踪以外（Molinaro et al., 2016；Meyer, 2017）。在句子理解中，每一个输入进来的单词的句法范畴会把句法信息整合进收听者递增地计算的句法结构中（Levy, 2008）。Delta 波段震荡与言语理解过程中的外部听觉线索和抽象的句法结构同步（Bonhage et al., 2017；Meyer et al., 2017），独立于与言语起始相关的 ERP 和句子内相关的时间点（Zhang & Ding, 2016）。

Alpha—Beta 宽波段活动与句法操作相联系：句子保存在工作记忆的过程中观察到了非同步（Meltzer et al., 2017）。Alpha—Beta 效应可直接牵涉以结构为基础的、需要应对有意义和无意义句子的操作。句法和语义操作间的震荡相似性说明 Alpha—Beta 效应可能反映了与句子层面意思相关的、更全面的机制（Prystauka & Lewis, 2019），也可以说明为什么它们在句子中而不是在缺少任何具有结构的意思的单词串中被观察到（Lam et al., 2016；Schoffelen et al., 2017）。同样地，句子语境中的世界知识违反也与 Theta 波段功率的增加以及对于控制关键单词反应的 Gamma 波段增强的缺失相联系（Hagoort et al., 2004）。涉及记忆表现的事件—相关 Theta 震荡还与 Gamma（快波）频段中的更快震荡相互作用。Theta、Alpha、和 Beta 波段的活动也一直与句子理解域之外的言语工作记忆相联系，引发的 Delta 和 Theta 震荡代表 ERP（例如，N400 和 P600）中的慢波。Delta 和 Theta 震荡活动可以直接反映组块过程。

（2）N400、P600 和 LAN 与 ERO 震荡

句法和语义的相互依存与神经震荡的层级组织相似，其中更快（更高）的

频率嵌套在更慢(更低)的频率内。

N400 效应振幅和 Theta 波段功率增加相联系(Hald et al., 2006),反映了词汇—语义记忆提取的不同方面。并且,语义违反与 Theta 波段功率的增加相联系,而语法违反与 Alpha 和 Beta 波段功率的减小相联系。P600 与 Alpha 波段功率效应相关(Davidson & Indefrey, 2007), Alpha 波段功率更大的相关减小与更大振幅的 P600 违反效应相联系。两项研究发现了 Beta 波段功率和 P600 效应之间呈显著相关(Schneider & Maguire, 2018; Schneider et al., 2016)。有大量证据还表明 Beta 波段震荡对词汇—语义预测敏感(Molinaro et al., 2016; Meyer, 2017),尽管并不特别清楚句法因素是如何与词汇—语义预测过程相互作用的。Delta 波段震荡可能涉及句法构成,而 Beta 波段震荡可能例证了或者自上而下预测了词汇—语义信息(Meyer, 2017)或者包含句法和语义预测的句子层面意思表征(Lewis & Bastiaansen, 2015)。

更快的成分(例如,LAN 效应,持续 200～250 毫秒,大于 4 赫兹)可能相当于 Theta 波段震荡的一个周期,而更慢的成分(例如,P600 效应,持续 300～350 毫秒,小于 4 赫兹)可能相当于 Delta 波段震荡的一个周期(Meyer, 2017)。更大的平均违反效应与震荡活动的更低相关振幅相联系,暗示着句子理解时 ERP 振幅和事件—相关功率振幅变化之间的反向关系(Davidson & Indefrey, 2007)。事件—相关违反设计可用来探讨对句子内单个单词的反应。这些设计已显示频率波段功率的变化,但同时也显示了语义或语法违反是如何影响波段功率的。

句子理解需要把词组和它们之间的关系编码进工作记忆。迄今为止,尽管我们已经明白语言理解时神经震荡的重要性,但对句子编码时神经震荡的动态还是知之甚少。对于编码非结构的词串和工作记忆加强的句子,已报道了大范围频段中的震荡,可是我们依然不清楚这些频段在什么程度促进了句子理解(尤其是二语句子理解)的工作记忆成分特有的理解或者总的言语工作记忆特有的理解。

1.2.2.3 二语句子理解中的 ERP 研究

二语的语言理解在所有层面都更慢、更费力、更不准确,可能会比本族语更加依赖于启发策略(heuristic strategies)(Clahsen & Felser, 2006, 2017)。二语句子理解不同于本族语（一语）句子理解。实验已证明在句法和语义域存在语言间（一语和二语间）差异（Duyck & De Houwer, 2008）。

二语学习者理解单词层面以上的大多数神经语言学的研究都是通过使用 EEG 方法来探查由各种不规则（语义／句法）引发的 ERP 成分在二语学习者和本族语者之间类似的程度。研究词汇—语义理解和句法理解时，更不熟练的学习者显示出成分的延迟启始和／或峰值、减小的振幅。类似的结果也已在人工或小型语言研究中发现，并对语言接触进行了控制（Morgan-Short et al. , 2010; Mueller et al. , 2009）。

二语学习者的句法理解比本族语者更浅、更不详细（Clahsen & Felser, 2006, 2017）。如同本族语般的理解和消解句法—语义冲突存在于二语学习者中，但可能仅存在于他们认为相对简单并且较小程度耗费额外资源的那些句子中。韵律信息，尤其是与特定的（形态）句法理解模式组合，可以在二语学习者掌握二语时扮演重要角色。二语学习者进行新（novel）语法理解，即理解本族语不具有的性体系（grammatical gender）时，不同于本族语，并且会随着习得年龄和语言水平而显著变化（Nichols & Joanisse, 2019）。更高水平与基于更以预期为基础的句法分析相联系（Vosse & Kempen, 2009），因为收听者会基于前面的信息，更多地参与自上而下预测即将出现的信息。在二语语法理解的研究中，随着二语水平的提高，ERP 成分往往更显著、出现得更早并且振幅更大。一旦学习者达到如同本族语般的水平，ERP 成分会汇合到一语模式中（Steinhauer, 2014）。

P600 确实在二语者中引发，尽管似乎依赖许多可变因素，如二语水平、二语接触量、习得年龄、跨语言相似性。大多数研究在二语者习得的高水平阶段而不是初级阶段发现了 P600 成分。二语语法理解（P600; Nref）对于二语者是否会显示如同本族语般的 ERP 效应变化不定，而 N400 在二语者语义理解中普遍可以被观察到。晚期学习者由语义不规则引发的 N400 潜伏期和振幅分别更晚和更小。二语理解者并不能像一语理解者那样预测即将出现的单词。当从占主导地位的语言转换到更弱的语言时，N400 效应（Chauncey et al. , 2008）和 P600 效应（Litcofsky & van Hell, 2017）更显著，说明转换到更弱的语言需要更费力的理解。当两种不同的词汇和语法需要被整合时，语言转换对 N400、LAN 和 P600 的影响说明了转换会招致额外的理解负荷。

ERP 能反映理解形态句法信息的显性和隐性方面,因此可用来区别介于本族语和非本族语之间的在线理解。与语言理解相联系的 ERP 模式,无疑在晚期二语习得过程中发生变化。在二语学习的早期阶段,ERP 对二语特性并不敏感,但当学习者达到高水平时,晚期二语学习者会显示出与本族语难以区别的 ERP 反应。二语 ERP 成分的次序(N400,(N400+)小 P600,大 P600,AN—P600,LAN—P600)有不同的时间进程,并且对不同的形态句法结构显示出不同的时间动态。

一语和二语习得文献经常使用词语"双阶段模式"来指对应于句法违反的 LAN 和 P600 的存在。事实上,一些二语习得研究也质疑了是否仅仅高水平学习者可以引发与本族语者不能区别的双相 LAN—P600 模式(Steinhauer et al.,2006)。然而,在其他许多研究中,词语"双相模式"明确地用来指当学习者的水平提高时 N400—P600 的转换(Roberts et al.,2016)。

(1)二语句子理解中的 LAN—P600 模式

二语学习者往往对于语法结构违反显示出减小或缺失的 LAN 和/或 P600 效应。本族语者对于句法违反引发了 LAN 和 P600 效应,而晚期学习者仅发现了 P600,说明晚期学习者按照与本族语者不同的方式来整合输入的句法信息,可能依赖于不同的神经机制。

近年来,一些二语研究集中解释了语言学习者 LAN 效应的"存在"或"缺失"。一些二语研究中 LAN 效应的缺乏反映了此效应所显示的一种对应的语言理解的缺失或者二语学习者仅限于非本族语的语法理解。LAN—P600 模式是典型的本族语 ERP 模式,高水平二语学习者确实引发了与本族语者无明显差别的 ERP 模式:双相 LAN—P600 模式或者仅仅 LAN 而没有 P600。由句法违反引发的 P600 效应会随着语言水平的提高而逐渐出现。更高水平比更低水平二语学习者的 P600 更可靠,并可作为证据来支持二语的神经认知理论。当二语水平已达到足够高的层面时,二语语法会最终依赖于与一语相似的机制(Paradis,2009;Ullman,2005,2015)。换句话说,如果本族语者引发了 P600 之前的 LAN 成分,那么非常熟练(接近于本族语)的二语学习者会引发一个位于额的,但更少的左侧负波并伴随着 P600(Friederici et al.,2002):
① 对于形态上复杂的单词,高水平的二语学习者产生了双相 ERP 模式,即具备与本族语相同的早期前额负波(Hahne et al.,2006),这说明二语理解形态上

复杂的单词可能如同本族语,并且高水平二语学习者能转化为自动化;② 不正确的分词引发了伴随着 P600 的前额负波,而不正确的复数形式仅仅产生了 P600,这种差异与产出任务中所显示的水平差异相一致,即二语被试在复数形式上比分词表现得更差(Clahsen & Felser, 2006);③ 二语(德语)学习者理解嵌入句子中的德语分词时,对于规则曲折变化违反引发了与本族语相同的左侧 LAN 并伴随着 P600(Hahne et al., 2006);④ 与自然二语相似的是,人工语言的(形态)句法违法也引发了(LAN)—P600 模式,通常在更高水平而不是更低水平的学习者中(Morgan-Short et al., 2010)。低水平二语学习者对于形态—句法违反没有 ERP 效应或者显示更小的、延迟的 P600(LAN 在一致性违反中缺失),尽管对句法违反的敏感性也可能出现在低于高水平的学习者中,例如,当一语和二语间句法特征的相似性较高时(Foucart & Frenck-Mestre, 2011;Tolentino & Tokowicz, 2011)。二语中等水平的晚期学习者并不能在第一个 500 毫秒违反区域内以本族语般的方式自动地理解语法违反(Steinhauer et al., 2009)。

如果 LAN 通常是与自动化的、隐性的语法理解相联系,这些早期的 ERP 成分尤其在晚期二语学习者中最难引发,因为它比 P600 更可能受到习得年龄或关键期的限制。对语法异常的 LAN—P600 双阶段句法理解的反映,代表了二语习得理解的终点,因为 LAN 总是存在于本族语理解中。

(2)二语句子理解中的 N400—P600

对于二语理解,纵观学习者在自然和人工二语中的一系列进展:从没有 ERP 效应到 N400 和 / 或从 N400 到 P600。随着语言水平的提高和语言的大量接触,学习者语法理解的综观研究已证实了从 N400 到 P600 的转化(Morgan-Short et al., 2010, 2012)。如同一语,二语学习者的 ERP 反应各不相同,即使语言水平和经历相似(Tanner et al., 2014)。

在过去的十多年间,人们对二语学习的神经认知层面的兴趣广泛增加,更多研究集中于二语句子理解中的神经机制是与本族语者本质上相似还是有差异。本族语者对于句法违反显示 P600 效应,一个对形态句法理解的二语研究的重要问题是二语学习者对于二语句法违反是否也表现出 P600 效应。尽管一些研究已表明二语者在二语习得的早期阶段对于句法违反引发了 N400 效应(Tanner et al., 2013),一些研究还是观察到相对低水平的二语学习者处理本族语和二语共有的句法理解违反（Tokowicz & MacWhinney, 2005; McLaughlin et al., 2010）、更高水平和大量接触二语的学习者理解二语异常特征时引发的 P600 效应（Gillon Dowens et al., 2011; Bowden et al., 2013）。然而，对于这个概括也有例外，通常当二语特征并没有在本族语中体现或是有不同的形态实例化时，P600 效应并没有在相对精通的二语学习组中发现（Sabourin & Stowe, 2008）。

通常在二语者中保存语义 N400 效应，有时 N400 是延迟的潜伏期或减少的振幅，这说明二语阅读的语义理解比一语更慢。二语学习者句子理解时的词汇—语义理解引发了与本族语很大程度上相似的 N400 效应，即熟练的二语者和本族语者理解词汇—语义信息时，并没有质上的差异。语言水平影响 N400 振幅，N400 违反效应的大小随着语言水平的增加而增加。尽管先前研究已显示更高水平和 / 或者更早期学习二语的更大的 N400，语言水平也同等程度影响一语和二语学习者 N400 的振幅。当双语者收听本族语口音和外国语口音句子进行理解时，两种条件的 N400 的起始潜伏期都延迟了（Grey et al., 2018）。二语（德语）学习者理解嵌入句子中的德语分词时，不规则曲折变化违反引发了与词汇—语义理解相联系的 N400（Hahne et al., 2006）。

在句子理解过程中，二语理解者并不能如同一语理解者一样积极预测即将出现的单词，二语理解者 N400 平均振幅更小的结果可能是由于二语理解者预期效应比一语理解者出现得更晚。这种二语词汇预测更弱的能力可能是二语相对于一语总体上更慢和更不正确的语言理解阶段的一个结果。储存在工作记忆中的句子语境使预期的名词比不预期的名词更易于整合，但预期的名词在呈现前不会被积极预测或者至少在更弱的程度上被预测。晚期学习者更大的正波（N400）表明他们可能对句子延续部分形成了相对强的预期，并且当输入信息与他们预期极其不一致时，更具挑战性。晚期学习者可能在考虑一个单词的替换意思或者一个句子的解释时更不具备"灵活性"。更低水平学习者会产生更大的整合负荷，这可能是由于在组织得很好的句子中更没有效率的词汇通达能力和 / 或更差的预测单词能力。

一语学习者建立的语义 P600 效应被延伸到二语学习者中。二语学习者对句法信息比本族语者更不敏感，因此在理解语义颠倒不规则过程中，句法和语义之间的相互作用会在二语中呈现不同的形式。当更加认真考虑语义流而几乎不使用句法来进行句子解释时,句法和语义间的冲突会减小。因此,二语学习者可能把句子解释为与他们的世界知识不相符(the cat chasing the mouse,而不是倒过来),并且也不会受到句法结构表明相反的困扰。二语学习者在定语从句中由于语义颠倒不规则引发了比本族语相对较小的"语义 P600"(Zheng & Lemhofer,2019)。

N400—P600 双相模式是二语习得词素句法的神经源中突然变化的线索(Osterhout et al.,2008)。然而,确实存在一些研究质疑 N400—P600 双相模式的存在和双相模式与二语习得和教学的相关性。

1.3 神经机制下的句子理解

1.3.1 神经机制下的一语句子理解

一语而不是二语中特定的句法理解过程是自动化的,即一语者会经常接触到一语中更简单的句法结构(例如,并列句(conjoined sentences)),因此理解过程是自动化的。然而,即使一语者理解一语中难度更大的结构(例如,内嵌句(embedded sentences))也不是自动化的。另一方面,不管难度水平,理解二语句子是不可能自动化的,这是由于二语者没有观察到两个句子结构之间的差异。

1.3.1.1 颞上回

收听本族语句法不规则与正确的句子时,可以观察到本族语者在颞上回左侧增强的激活,即以两个相邻的焦点为中心:一个位于中心部位,即颞横回外侧(lateral to Heschl's gyrus),另一个位于颞上回内的更前部。

毋庸置疑,颞上皮层(superior temporal cortex,STC)在句子理解中扮演着重要角色,然而它对听觉刺激语料而不是语言刺激语料的反应,说明了颞上皮层不是唯一的语言特有的皮层区。尤其是直接围绕初级听觉皮层(primary auditory cortex)的那些区域,总体上支持听觉理解(包括语言),而本族语者对极其复杂的言语信号的评估还需征用额外的、不需要感知非言语提示(nonspeech cue)的颞区(STS,MTG 和 ITG)(Binder et al.,2000)。在先前的语义判断作业(semantic decision tasks)中,研究者们报道了颞上沟(STS,superior temporal sulcus)/颞中回(MTG,middle temporal gyrus)左侧(Binder et al.,1997)和STS/MTG后部区域反映了句子评估或句子整合的理解过程（Friederici et al.,2003）。颞上皮层内不同区域以特定的方式支持语言理解。首先，STG/STS和颞横回侧部（lateral to Heschl's gyrus）的第二（secondary）和第三（tertiary）听觉理解区明确涉及理解复杂的听觉刺激语料的言语（Scott & Johnsrude,2003）。其次，STG中部到前部一直在口语句子中牵涉理解形态句法（Dronkers et al.,2004）以及句法（Ruschemeyer et al.,2005）信息。理解句法不规则时，一语言语者在从STS后部延伸到STG外侧前部的颞上皮层左侧的活动显示出了选择性增加。STC后部支持对词形（word forms）的基于声音的表征（Scott & Wise,2004）和缺少语音输入信息时对言语声音的语音输出（Price,2000）以及音位—字形的转换理解过程（phoneme to grapheme conversion processes）（Xu et al.,2001）。神经成像研究表明，颞上皮层右侧与理解口语句子中的语调曲线（intonation contour）相联系（Meyer et al.,2004）（见图1-14）。

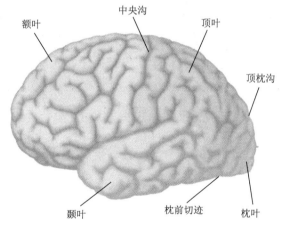

图1-14 左半球的侧面观（大脑皮质的四个叶）（周晓林,2011）

不管呈现通道，颞上皮层支持理解句法结构。对于句法复杂性调整（Just et al.,1996）和句法违反（Embick et al.,2000）的先前阅读研究报导了增强的句法理解负担与颞上皮层左侧相联系。在言语句子中，颞上回（superior temporal gyrus, STG）的前部在理解形态句法和词组结构信息时扮演着重要角色（Dronkers et al.,2004）。颞上回前部支持非常特定的、语义上驱动的词汇提取的各个方面（Kiehl et al.,2002），并且支持句法上激活的词组—结构构建过程（phrase-structure building processes）（Friederici et al.,2000,2003），而颞上回后部支持总的句子评估和整合（Friederici et al., 2003）。STG 的后部与基底神经节的结构协同合作来支持句法整合的控制理解过程（Friederici & Kotz, 2003）。本族语者理解言语句子时，更显著地涉及颞上回的中部，在此区域观察到本族语者大脑增强的激活，反映了听觉语音理解的高度自动化和有效率的过程。

然而，颞上回并不是持续牵涉理解句法结构的唯一皮层区。额皮层左侧（布罗卡区）也牵涉句法结构的理解（Caplan, 2001）。

1.3.1.2　布罗卡区与工作记忆

位于左额下回的传统布罗卡区功能上可以再划分为三个区域：语音、语义和句法（Bookheimer, 2002），但它也在非语言功能（例如，认知控制）方面扮演着重要角色（Koechlin & Jubault, 2006）。Kim et al.（1997）通过 fMRI 证明本族语激活布罗卡区；另一方面，本族语与二语的激活区域也存在差异，即在语言敏感的额叶区（布罗卡区）内，成年阶段习得的外语在空间上与本族语分离。Kim et al.（1997）提出母语位于布罗卡区，新习得的语言位于布罗卡区的前部。

布罗卡区传统上一直被看作语言区域，通常是特定的，甚至是唯一涉及语言的区域。大多数的认知神经科学家仅把额下新皮层（neocortex）等同于布罗卡区。一些研究者（Bak et al., 2001）认为布罗卡区仅仅包括额盖的（frontal operculum）（Brodmann area 44）布罗德曼区 44。然而，布罗卡区通常等同于包括区域 44 和 45 的额下回大部分和区域 47。因此，布罗卡区是被宽泛地定义的术语，经常被用来表示整个左额下叶，核心在区域 44（pars opercularis，岛盖部）（见图 1-15）。

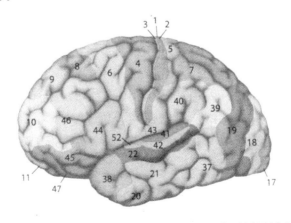

图 1-15　Brodmann 的基于细胞结构和排列的大脑 52 个不同区域（周晓林，2011）

　　左额下回区域涉及与语言理解有关的过程(包括语音提取、句法理解、语义理解和发音)相联系。与更高的语言理解相联系的脑区(例如,额下回左侧)显示了不考虑通道、与句子复杂度相联系的活动调节。在语音层面,非本族语者对输入的言语信号高效解码存在着困难,因此被迫使用额下回(IFG)中额外的资源,本族语并没观察到此过程。左额下回的不同区域调节对句子产出和句子理解的组合分析的不同层面:BA47(pars orbitalis,眶部),即左额下回的更下部分与语义理解相联系(Bookheimer,2002),也与一语学习者(Desai et al.,2006)和二语学习者(Tatsuno & Sakai,2005)理解不规则的过去时相联系;左额下回更上部分与句法理解相联系(Dapretto & Bookheimer,1999);左BA44/45活动的区域是涉及包括语法理解的一些语言过程(Friederici et al.,2006)以及语义理解(Vigliocco et al.,2006)的区域;左额下回后部(left-posterior inferior frontal gyrus,IFG)涉及非词汇组合理解,例如,句子理解和可能被一语"充分利用"。BA44涉及理解句法结构,理解句法复杂性渐增的句子,尤其是理解句法转换时(Ben-Shachar et al.,2003)已增强地涉及此区域。理解形态一致时,额下皮层左侧就会被激活(Miceli et al.,2002)。语义理解有选择地运用额下回双侧部分,尽管左半球明显占主导地位,尤其是额下回左侧的前部(IFG,BA45/47)涉及语义不规则的理解。研究表明,在额下回的左前部观察到本族语者和非本族语者的语义理解的重叠激活(Bookheimer,2002)。总之,本族语和非本族语潜在的语义理解过程比潜在的句法理解过程似乎更相似。理解句法上复杂和中心嵌套的句子反映了语言层级,把布罗卡区(尤其是BA44)推到了兴趣的中心。

　　布洛卡区主要涉及理解句法上复杂和消耗记忆(memory-demanding)的句子。一些研究者认为语言理解中存在着不同类型的工作记忆(句法和总的工作记忆;Caplan & Waters,1999),而其他研究者把工作记忆看作统一认知成分(Just & Carpenter,1992)。额下皮层(BA44)部分由于句法复杂性效应和句子内(更长的填充语—空位依存关系)的工作记忆需求而递增地被激活(Fiebach et al.,2004)。由于转换负担,句法复杂性一直与更高的工作记忆需求相联系。在成年人大脑中,句法和与工作记忆相关的功能在额下叶(44区)的上部更显著,而45和47区域的更下部分更多地涉及词汇语义功能,后面的模式与腹外侧前额叶皮层的工作记忆维持和背外侧前额叶皮层的工作记忆操作之间的分离密切相关(D'Esposito et al.,1999)。额下回增强的激活可以在某种程度上反映对短时记忆体系的征用而不是对句法结构的分析(Fiebach et al.,2002)。许多研究已表明,布罗卡区(左 BA45/47)对于言语工作记忆尤其是对默读复述至关重要(Wexler et al.,1998)。与理解视觉上呈现的句子相比,听者理解收听到的句子要求更加充分地利用短时工作记忆(和额下回)。

额下皮层是语言习得的一个重要场所,因为输入合并了听觉—视觉—肌动理解通路,是词汇学习的前提。额下皮层的功能因工作记忆容量而得到进一步加强,并在句法解码和句子生成时必不可少。

1.3.1.3 世界知识与语义知识

至少从 Frege(1892;Seuren,1998)以来,意思的理论在词语的语义和涉及我们对世界事态的心理表征的真值之间做出了区别(Jackendoff,2002)。例如,句子 "The present Queen of England is divorced." 有一个连贯的语义解释,但包含了一个我们记忆中所认知的错误命题,即"女王陛下与菲利普亲王结婚",此情形与句子 "The favorite palace of the present Queen of England is divorced." 是不同的。在假定的解释条件下,此句没有内在的语义解释,因为谓语 "is divorced" 需要一个有生命的论元。此句与我们记忆中对世界的表征不匹配,因为所谓的事态的描述性特征内在地发生了冲突。这两个句子之间的差异表明世界的事实和我们语言的单词(包括单词的意思,即词汇语义)之间的差别。在解释的标准两步骤模式中,唯有后一种类型的知识输进初始句子意思的结构;对语用或世界知识信息的整合会被不同的体系延迟和操纵(Sperber & Wilson,1986)。

Hagoort et al.(2004)通过 EEG/MRI 组合实验,记录了被试阅读三个版本句子 "The Dutch trains are yellow/white/sour and very crowded." (关键词是斜粗体)的脑活动。众所周知,荷兰火车是黄色的。因此,此句第一个版本被正确地理解为真实的,然而,可供选择的颜色词语 "white" 的语言意思,也同样适用于谓语 "yellow" 的火车。是荷兰人对火车的世界知识使此句的第二个版本错误。而第三个版本则不同,(在标准的解释条件下)谓语 "sour" 的核心语义特征与论元 "trains" 的语义特征不符合。因此,人们会认为第三个句子由于语义—内在的原因是错误的或不连贯的:是我们对单词和单词的语言意思提出了一个问题。如果语义解释先于世界知识的违反,语义违反的效应比世界知识违反的效应应该更早些,并且可能引发其他的脑区产生反应。

如所预料,经典的 N400 效应因为语义违反而产生。对于世界知识违反,也观察到清晰的 N400 效应。重要的是,此效应在起始和峰值潜伏期与语义 N400 效应相同,振幅和头皮分布与语义 N400 效应也极其相似。此发现提供了显著实证证据,即词汇—语义知识和总的世界知识在句子解释过程中被整合在相同的时间范围内,在单词起始后大约 300 毫秒开始。fMRI 数据时间锁定关键单词的起始,当与正确的句子相比时,在布罗德曼区 45 和 47 可以观察到,这表明对于语义和世界知识违反,被试的额下回左侧(LIFG)共同被递增地激活。因此,在 400 毫秒内句子理解过程中,单词意思和世界知识被迅速征用和整合。额下回左侧包括布罗卡区,似乎在计算意思和核实语言词语时起着关键作用。尽管 Frege (1892)对命题意义和把命题与世界的事态相联系两者之间做出了重要区别,词汇—语义和世界知识问题的理解结果看起来即时并平行运行,因此世界知识实验的结果提供证据驳斥了非重合两步骤整合理解过程,即首先句子意思被确定,然后涉及世界知识的句子意思会被证实。语义解释与非语言的意思成分的整合不可分割。

1.3.1.4　题元理解

句子理解理论在解释阅读者何时组合正理解的句子中不同的句法、语义和世界知识信息源时存在着预测差异。模块模型(modular model)预测句法信息时会首先被用于组成一个句子的结构,并随之整合词汇—语义特征。这些词汇—语义特征与对这些单词的表征储存在心理词典中(Frazier, 1987)。这种对言语输入信息更高层级的表征会进一步映现到我们对世界的认知中(Fischler et al., 1983)。互动模型(interactive model)预测在阅读理解过程中,阅读者运用不同信息源的时间进程不需要延迟(MacDonald et al., 1992)。许多研究结果表明了句子理解过程中世界知识信息和词汇—语义信息的极迅速的影响。Hagoort et al.(2004)表明在句子理解过程中,相对于词汇—语义信息,并不存在对世界知识的在线整合的延迟。许多其他的行为研究和电生理学研究的结果表明了论元(argument)的生命性对递进的句子理解的极早期的影响(Ferreira, 2003;Markus et al., 2008;Kuperberg et al., 2007;Kim & Osterhout,

2005；Nakano & Swaab, 2005；van Herten, Kolk & Chwilla, 2005；Hoeks, Stowe & Doedens, 2004）。

1.3.2　神经机制下的二语句子理解

听力和阅读理解分别受到不同因素的影响,如理解者的语言或背景知识以及语料的特点（Rubin, 1994）。特别是二语理解,Park（2000）发现自上而下的因素（例如,背景知识）影响二语听力理解更多于二语阅读理解,而语言知识同等程度地影响了两种理解。当编码的信息产生更多歧义时,人们会求助于自上而下的过程。总体来说,二语中更大的激活可能归因于听力理解的编码过程,这种理解策略的差异可能导致一语激活模式的不同。另一方面,不管难度水平,二语者理解二语句子不是自动化的。二语者阅读或听力理解句子时,二语通常比一语进行得更缓慢并且更不准确（Cook, 1997；Green, 1998）。一些研究试图阐明一语和二语之间存在词汇（Soares & Grosjean, 1984）、语义（Weber-Fox, Davis & Cuadrado, 2003）和句法（Sanders & Neville, 2003）表征差异的原因。

1.3.2.1　神经机制下的二语语法理解

具备普遍语法机制（universal grammar, UG）的儿童隐性地（implicitly）习得一语,而晚期语言学习者很大程度上依赖于显性的（explicit）、类别一般性的（domain general）认知功能（Dekeyser, 2003, 2005）。基于关键期（critical period）语言习得的假设（Hernandez & Li, 2007）,在关键期后学习的语言句法知识与一语的表征截然不同。Paradis（1994, 2004）认为一语通常被内隐习得,而如果在关键期后学习语言,二语通常是被外显习得,也就是说必须讲授语法。语法理解（grammatical processing）或句法分析指在实时语言理解和产出时对句子、词组和形态上复杂的单词构建结构表征。二语学习者缺少如本族语般的语法水平,因而在某个语言点会固定不变,即所谓的石化（fossilization）。因此,来自一语语音／韵律干扰（phonological/prosodic interference from L1）方面的研究也一直在讨论（Goad & White, 2004, 2006）。通常,二语学习者在语法方面比词汇有更多的困难（van Hout et al., 2003）。然而,近来研究已表明这种区别太宽泛,甚至大约青春期或青春期后习得二语的晚期学习者也能在某些语法域达到本族语般的理解。但是,成年二语学习者理解复杂句法时,即使多年运用和接触二语,也会持续维持非本族语水平。

学习二语语法时,学习者通过质上不同的阶段取得进展。在二语学习的早期阶段,语法理解依赖于基于项目的(item-based)词汇记忆的存储,而不是基于规则的(rule-based)机制(Ullman,2001,2005)。首先,本族语对二语形态句法一致性的语法正确率(rate of grammaticalization)有影响。其次,对形态句法一致的语音提示显示了其对初学者、更高水平学习者和本族语学习者理解时不同的影响。然而,语法词素的语音状况在学习语法规则时扮演着重要角色(McLaughlin et al.,2010)。学习者早期的语法(一语和二语学习)牵涉基于项目的图式和预制字符串(strings),它们具备很少或没有内在的结构;学习者最终分解这些图式,并引出抽象的语法范畴和产出规则(Wray,2002)。一些神经认知模式把记忆的陈述性知识(memorized declarative knowledge)和产出的程序性知识(productive procedural knowledge)分离,学习者首先依赖陈述性知识,然后发展理解二语语法的程序性知识(Ullman,2001,2005;Paradis,1994,2004)。预制语块在二语学习者语法发展中发挥作用(Myles et al.,1998),二语学习者并不能分解形态复杂的单词(Neubauer & Clahsen,2009)。

二语学习者在句子理解时能达到如同本族语般的理解,不仅在词汇语义域(Wartenburger,I. et al.,2003;Ojima,S. et al.,2005),而且在理解语法关系时,例如,名词词组内性一致(gender concord)(Sabourin & Haverkort,2003)或者牵涉局部依存(local dependencies)的主语—动词一致性(subject-verb agreement)(Ojima,S. et al.,2005)。然而,即使高水平学习者理解非局部依存(nonlocal dependencies)时,也与本族语者截然不同(Marinis,T. et al.,2005)。而且,二语学习者解决复杂句中歧义的策略受到与本族语相似的词汇—语义信息的影响,却不怎么受到层级成分结构(hierarchical constituent structure)的影响(Felser,C. et al.,2003)。这些发现的一种解释是浅层结构假说(shallow structure hypothesis,SSH)(Clahsen & Felser,2006)。本族语者的句子解释(interpretation)包括两种不同的理解通道(route):全面句法分析(full parsing)对输入进来的单词串提供了一种特定的句法表征;浅层句法分析(shallow parsing)基于词汇—语义信息、联想的模式和对解释的其他表层提示,提供了一种更不详细的表征(Ferrieira et al.,2002)。因此,浅层句法分析在二语理解中占主导地位,尽管一语和二语理解体系的基本结构(architecture)是相同的。

全面句法分析产生了包括抽象元素的复杂层级结构的句子,这些句子通常会涉及二语浅层句法分析,比对解释的句法提示更依赖于语义、联想、表层信息。然而随着语法水平的提高,介于邻近或局部相关单词之间单词层面的理解和形态句法特征的匹配可能会更容易被掌握,并最终变成本族语般的水平。

额下回的岛盖部左侧(left pars opercularis)的激活与二语句法理解相联系,特别是晚期双语者(Wartenburger et al., 2003)。另外,近期研究表明额下回左侧的岛盖部(the pars opercularis of the left IFG)与句法记忆(Roder et al., 2002)和句法规则的习得(Opitz & Friederici, 2003)相联系。对于正确句子,非本族语者比本族语者在 BA44 区域显示出了更多的激活,说明当非本族语者使用二语,即使是句法上分析简单的、正确的句子时,也始终征用更多的资源。换句话说,二语水平更不熟练的非本族语者,即使分析简单的结构时,也仿佛是在分析复杂的结构。Klein et al.(1995)提出本族语和二语在布罗卡区内不同的激活依赖于使用不同的句法条件而不是依赖于理解不同语言的语音结构。

一语者和二语者理解语义信息可能是相似的,而理解句法结构却完全不同。如果相同的皮层网络支持一语和二语的语义信息,而句法信息则不是,这无疑表明一语和二语单词层面的研究(Klein, 2003)比句子或语篇层面的研究(Wartenburger et al., 2003)存在更多的相似性。许多研究支持语法理解的"关键期",因为晚期学习者更广泛地征用前额皮层。

1.3.2.2　一语和二语的句子理解差异

影响一语者和二语者句子理解的差异有四个因素:

① 缺少相关的语法知识;

② 来自学习者一语的影响;

③ 认知资源限制;

④ 青春期的成熟阶段变化。

一些研究支持一语和二语的句子理解使用相似的皮层网络(Tan et al., 2003),而其他研究则提出了不同的理解网络(Wartenburger et al., 2003)。在支持使用共同皮层网络的研究中,本族语和非本族语者有区别地使用相同网络的不同部分(Chee et al., 1999b)。然而,两种语言对理解区域的定位是共同的

（Kim et al.，1997）。语料、方法和通道的不同当然在这些差异中发挥作用。

　　否定句（negative sentence）比对应的肯定句（affirmative sentence）需要更多的理解（Carpenter et al.，1999）。二语否定句比相对应的肯定句在额下皮层左侧（left inferior frontal）、颞上／中皮层（superior/middle temporal）和顶皮层（parietal cortices）显示出了更大的激活，同时二语者理解一语和二语结构复杂的句子时，脑区存在差异（Hasegawa et al.，2002）。Yokoyama et al.（2006）提出结构上复杂的句子在与语言有关的脑区产生了涉及一语与二语的不同模式：左眶部（left pars orbitalis）的句子类型（主动与被动句）和语言（一语与二语）之间存在显著的相互作用；理解被动句与主动句时，左三角部（left pars triangularis）和顶皮层（parietal cortex）存在更显著的激活。二语学习者似乎能以如同本族语般的方式理解涉及局部相关成分（locally related constituents）的语法，而不能理解涉及非局部依存的（nonlocal dependencies）、结构上复杂的语法，这说明二语学习者对复杂层级表征的实时计算存在着问题。

　　二语者比一语者在句子理解的任务难度方面引发了更大的激活（Hasegawa et al.，2002），这说明晚期和早期双语学习者二语理解基本上是在相似的左半球，与语言相关的区域，皮层表征反映了句子理解的任务难度。语言理解时，二语理解者并不能像一语理解者那样积极预测即将出现（upcoming）的单词。二语理解者比一语理解者在积极词汇预测方面更有限或者更没有效率。相对于一语，二语中这种更弱的词汇预测总体上可能是一个更慢、更不准确的语言理解的结果。

　　二语者比一语者的脑区在左半球往往呈现更分散的表征（Dehaene et al.，1997）。并且，顶叶中的缘上回左侧（left supramarginal gyrus）控制了一种语言向另一种语言的转换（Price et al.，1999）。

1.3.2.3　早期习得二语的非常流利双语者

对于早期习得二语的非常流利双语者，他们的两种语言在传统（classical）语言区域存在大量重叠：大约是韦尼克区（Wernicke's area）和布罗卡区。研究涉及了对两种不相似语言（（中国）国语（Mandarin）和英语）的句子理解（Chee et al.，1999a）。尽管语料是视觉而不是听觉呈现，一语者和二语者脑区在额颞语言区左侧（left frontal and temporal language area）被显著激活重叠。对于听觉理解,涉及收听故事的研究也在颞区左侧(left temporal region)和海马结构(hippocampal structure)发现了本族语者和二语者(西班牙语和(西班牙)加泰罗尼亚语(Catalan)(印欧语系中两种相似的语言))大量的激活(Perani et al.,1998)。涉及产出单词的研究也在额颞和顶区左侧发现了非常流利双语者的重叠(Hernandez et al.,2000,2001)。这些结果说明双语者,至少是早期习得语言的非常流利双语者的两种语言可以在相同的皮层区域表征,而不考虑语言的相似性。

1.3.2.4　二语句子理解和产出研究

实验者并不能轻易地描述内隐句子的产出,也就是说,让被试说出自发的内在语言明显是极不可控的,而运用实验任务(例如,内隐的图片命名,covert picture naming)可以更好地控制假定产出。对于被试确切地在做什么这个问题,仍有许多疑问。在需求被试言语产出的任务中,二语者的理解是由于肌动控制(motor control),在豆状核左侧(left putamen)引发了额外的激活,法语和英语在额语言区平均激活(group-averaged)并不存在差异(Klein et al.,1995)。

调查二语句子理解的研究结果比二语句子产出的研究结果更加多样性。一些研究者提供证据支持一语者和二语者具有共享的脑区表征(Chee et al.,1999a,2000,2003),而其他学者支持一语者和二语者具有不同的脑区表征(Marian et al.,2003)。这些研究的差异来源于三个主要因素:

① 调查中的语言学方面的差异(例如,语义或句法);

② 二语被试间的个人信息的差异(例如,二语习得年龄或语言水平);

③ 呈现通道的差异(例如,听觉或视觉)。

句子理解的神经认知模式指出了更大的句子理解网络的不同部分支持各种不同的语言域(句法、语义、语音和韵律)(Ullman,2004)。

1.3.2.5　句子理解中的二语者(L2 Speakers)

阅读句子时,二语者对于句法和语义违反显示出了选择性的反应。理解句法不规则性时,与一语者不同,二语者并没有增强地涉及颞上回皮层左侧,这是由于颞上回总的激活增强牵涉到所有的句子条件。二语者句法不规则比语义不规则的句子在顶区内皮层右侧(right intraparietal cortex)的大部分以及枕皮层右侧(right lateral occipital cortex)显示出了更多的激活。对于语义不规则性,二语者显示出了与一语者类似的激活模式,特别是在额下回左侧前部观察到了二语者脑区的激活增强(Ruschemeyer et al.,2005,2006;Hahne,2001)。这些发现说明二语者以与本族语相似的方式理解句子中单词的词汇—概念信息。这把一语和二语单词的共享词汇储存体系(French & Jacquet,2004)逐渐被接受的观点延伸到对两种体系共享的词汇通达/提取体系。晚期二语学习者的一语和二语语义表征的重叠最大(Hernandez et al.,2005)。基于额下回后部激活和语音理解之间的相关性(Bookheimer,2002),非本族语者的脑区激活增加反映了使用外语理解言语信号所必需的额外语音理解。二语者通过额外地运用额皮层,来弥补更低水平的语音解码。

二语者对句子理解本身比一语者在传统语言网络显示出了更大层级的激活(Ruschemeyer et al.,2006),包括:

① 从额下沟(inferior frontal sulcus, IFS)后部延伸到额下回(BA45/47)前部的额下回左侧;

② 在颞上回前部和颞中回的颞皮层左侧(left temporal cortex)。

额下回和颞中回更大的作用是反映了二语者比一语者对语义理解的更大依赖。并且二语者在与运动相关的(motor-related)左半球区域显示出了增强的激活,例如,前辅助运动皮层(preSMA)、基底神经节内的双侧结构、前中心回双侧(bilateral precentral gyrus)和延伸至左半球缘上回和角回(angular gyrus)的后中心回双侧(bilateral postcentral gyrus)。二语者阅读外语时,更大程度地牵涉肌动皮层,反映了二语者更大的困难,即使是隐性地(covertly)阅读二语句子(外语发音的负担——尽管发音是隐性的(covert))。理解语义不规则性时,二语者与一语者相似,在左侧额下回前部的激活显示出了选择性的增强。

1.4 神经机制下的二语句子理解和工作记忆

阅读者有技巧理解的一个主要组成部分是在连续的单词、词组和句子中推断语义和句法关系,从而对文本构建一个连贯的、有意义的表征。为了把这种更积极的观点与更经典的短时记忆空位(slot)概念相区别,Daneman & Carpenter(1980)采用了 Baddeley & Hitch(1974)的词汇 —— 工作记忆(Baddeley,1983,1986)。工作记忆体系具备理解和储存能力。因此,在工作和记忆之间、在工作记忆体系被应用于任务的理解和储存需求之间,存在着必须被分享的有限资源。Daneman & Carpenter(1980)认为功能上更小的储存容量容易产生理解缺陷,尤其是在把连续遇到的单词、词组和句子整合进一个连贯的表征过程中时。

1.4.1　神经机制下的二语阅读理解和工作记忆

与一语本族语阅读者相比,二语阅读者从语音解码到语义检索自下而上处理得更慢一些,他们可能会表现出减小的组块能力。由于对词形或语音单位较差的组织或者较弱的表征,二语阅读者比一语阅读者在工作记忆中保留更少量的信息。因此,双语阅读者必须使用更多的认知资源,尤其是使用工作记忆来应付文本的连贯以便成功地阅读理解。

与高水平二语学习者相比,低水平二语学习者不能成功地把他们的一语阅读技巧迁移(transfer)到二语阅读理解(Clarina et al., 2015)中,因为相对来说结构上更不丰富的二语需要更大的工作记忆来填补文本连贯的间隙(bridge text coherence gap)。因此,工作记忆和二语水平相互作用。增强的工作记忆更多地帮助低—中水平二语学习者,而不是高水平二语学习者阅读理解。这种相互作用模式说明:低水平二语学习者进行自下而上二语分析时,需要更大程度地依赖注意/执行控制(attentional/executive control),而那些具备更强工作记忆的二语学习者会更有效地应付好这两项任务。这也与神经证据相一致:当学习者执行极其耗费工作记忆的两项任务时,前额皮层尤其是背外侧前额叶皮层会变得特别活跃(D'Esposito et al., 1995)。

通常,二语言语者或听者在听、说、读的情境中,二语连贯间隙(coherence gap)的出现需要征用额外体系来填补,特别是占主导地位的语言词汇(通常是一语),因为二语者需要更积极地牵涉认知控制体系来抑制一语侵入(L1 intrusions)。当抑制不使用的单词时,基底神经节(basal ganglia)特别是尾核(the caudate)和豆状核(putamen)会对一语和二语的单词扮演调节选择和发音的角色。基底神经节,即皮层下结构,也可以与前额皮层形成整合的神经电路系统来调节语言控制。基底神经节能改变通向前额皮层的信息数量和类型,而前额皮层传统上一直被看作工作记忆理解的中心。基底神经节对门控(gating)扮演着重要角色,即灵活地选择相关的信息(例如,命题)并按路径发送到前额皮层以便理解。这说明我们应该研究当面对正在竞争的认知和语言需求时(涉及注意力、任务转移和冲突解决的不同层面的一语阅读与二语阅读),皮层—皮层(cortico-cortical)网络和皮层—纹状体(cortical-striatal)网络是如何配置(configure)的。与更高工作记忆容量的阅读者相比,更低工作记忆容量的阅读者拥有更不灵活的"门控"机制,因此,阅读时不能成功地将重要信息按路径发送到前额皮层,或者在二语阅读时,不能抑制本族语中不相关的信息。由工作记忆显示的个体差异的鲜明神经特征是:更深层次地了解二语阅读者为什么和如何能使用二语成功阅读的有趣通路(pathway)。更少的二语学习经验和更低的语言水平都会在认知控制中产生递增的激活,因此,高工作记忆阅读者更有机会在执行语言任务时分配所需的注意力。随着语言水平的增加,在认知控制区域会产生更集中的激活模式,因为语言水平更低的二语学习者需要征用更多的认知资源和更广泛的网络(例如,在右半球),来应付二语阅读中更耗费认知的任务(Prat & Just, 2011)。

二语阅读理解的神经认知过程如下。首先,确实存在与阅读者认知容量(例如,与个体对主题的知识结构程度相互作用的工作记忆)相关的阅读表现时的显著差异。神经成像证据表明大脑反应模式提供了阅读者可变性的显著特点,尤其是通过认知控制和工作记忆(Osaka & Osaka, 2007)。例如,具有高工作记忆容量的二语阅读者显示与本族语阅读者更相似的神经认知模式,因为他们更少地依赖于认知资源,更集中注意从周围的语境中直接通达单词和句子的意思,这更像一语阅读者在阅读时顺便学习新单词。这意味着关键的认知控制区域,例如,背外侧前额叶皮层和前扣带回皮层,并不能像具有低工作记忆容量的二语阅读者一样被强烈激活。具有低工作记忆容量的二语阅读者的语言理解网络会持续地与认知控制网络相互作用,因为阅读者需要投入额外的资源来理解词汇项目间的关系,并在句子间做出推断。如果右脑区域涉及搭桥推理(bridging inferences)和把文本整合进连贯的语义表征中,低工作记忆阅读者在右半球尤其是右侧颞中回会激活额外的皮层区域(Mason & Just, 2006)。其次,阅读者的特性,例如,工作记忆和认知控制,会与二语阅读者的水平程度相互作用。尤其是关键的语言区域,例如,负责词汇语义选择、激活和整合的额下回和颞中回区域会随着语言水平的提高,联系更加密切,而负责认知控制(例如,颞中回和尾状核(caudate nucleus))的主要区域间的联系变弱。这种模式说明低水平二语学习者可以更强地唤起认知控制网络,而高水平二语学习者能更有效地(和更不费力地)使用语义网络来通达和提取二语意思。这说明二语学习者语言间词汇语义竞争时,从注意控制(更费力的非语言理解)到注意意思通达(更自动的语言理解)发生了转移。再次,高水平、成功的二语阅读者在激活视觉单词信息理解的视觉词形区(visual word form area, VWFA)、词汇/语音和语义映现的顶下小叶(inferior parietal lobule, IPL)和其他主要的语义选择和提取区域(例如,IFG 和 MTG)间的联系时,与一语阅读者的大脑网络模式相似。相反,低水平二语阅读者运用自下而上、逐个单词阅读的策略,在视觉、词汇、和语义理解区域显示出减小的激活;而高水平、成功的二语阅读者使用前额叶皮层尤其是背外侧前额叶皮层作为中心时,更大程度激活了自上而下的注意和控制过程(Grant et al., 2015)。同时,低水平二语阅读者的负责做出推断的大脑网络(例如,背内侧前额叶皮层(dorsomedial prefrontal cortex, dmPFC)、颞顶联合区(temporo-parietal junction, TPJ)和双侧顶下小叶(bilateral IPL))不可能被激活,因为阅读者更集中于自下而上的、单词层面的理解,而不是把句子联系和整合起来以便构建情境模型(situation model)。

在认知科学中,存在着两种主要假设,涉及句子理解中工作记忆运用的潜在机制。一种假设认为阅读者有效地阅读语言时涉及的工作记忆与激活(activation)过程相关,已有学者在理解句法歧义材料(Just & Carpenter, 1992)以及理解词汇歧义(Miyake et al., 1994)时明确表达了此观点。高工作记忆容量阅读者能激活歧义的两种文本,而低工作记忆容量阅读者只能激活一种文本歧义。如果激活在工作记忆中扮演着重要角色,高广度阅读者就拥有更好的激活资源。在消除歧义点时,高广度阅读者仍然在工作记忆中保存两种意思,而低广度阅读者在此歧义点仅仅保存了主要意思。另一种假设认为工作记忆中的抑制机制在有效的句子理解中扮演着重要角色。这种认知机制一直以来被认为会影响阅读者有效理解句法歧义(Friederici et al., 1998)和词汇歧义材料(Gernsbacher & Faust, 1991)。如果抑制是工作记忆潜在的机制,低广度阅读者在句子理解方面更没有效率,比高广度阅读者更大程度地保存两种意思,并保持几种意思活跃。在句子理解时,低广度阅读者比高广度阅读者更慢一些的潜在原因,可能就是这种暂时抑制不相关的信息,保证了高广度阅读者有效的句子理解,因为高广度阅读者会抑制更不可能的次要意思。具有高工作记忆容量的学习者比低工作记忆容量的学习者能更有效地抑制不相关信息,因此把观察到的差异性与工作记忆容量的不同使用相联系。高广度阅读者在句子理解中更有效率,并能以一种灵活的方式运用抑制。

1.4.2 二语个体差异:记忆的作用

一直以来,学者们在二语学习者中探讨涉及二语学习可变性的许多个体差异因素,集中探究两种长时记忆体系的角色:陈述性记忆(declarative memory)——构成语义记忆和情境记忆的基础(Tulving,1993)和程序性记忆(procedural memory)——构成肌动和认知技能和习惯学习的基础(Knowlton & Moody,2008)。这说明在二语学习更早期的阶段,陈述性记忆和知识发挥了更大的作用;而在二语学习的更晚期阶段,程序性记忆和知识逐渐发挥了作用。实验证明,陈述性记忆与早期阶段的语言学习相关(对于显性地被培训的学习者(Carpenter et al. ,2009),对于不经意地(incidentally)、隐性地被培训的学习者(Hamrick,2015)),程序性记忆与更晚期阶段的学习(Hamrick,2015)以及二语渐增的神经激活(Morgan-Short et al. ,2015)相关。

本族语和非本族语者进行句子理解时,对句法—语义理解的 ERP 研究通常获得 N400 效应(Mueller,2005)。研究者运用词汇任务的神经成像研究,在一语者和二语者相似的皮层区发现了相同程度的大脑激活(Fabbro,2002)。这些研究说明陈述性记忆体系对二语学习者来说是完全即时使用的。然而,当理解歧义句和理解包含长距离依存(long-distance dependencies)句时,二语学习者不能充分利用句法信息(Felser, C. et al. ,2003)。大多数对二语语法理解的 ERP 研究并没有引发本族语所观察到的 LAN 效应(Mueller,2005)。脑成像结果显示当收听一语和二语的故事时,中等二语水平的学习者征用一语左半球区域(包括额区)的网络和二语颞回内逐渐减弱的对称(symmetrical)网络(Perani et al. ,1996)。有趣的是,这些有差异的皮层在一语和二语高水平学习者中消失(Perani et al. ,1998)。学习者语法习得时征用布罗卡区会随着语言水平而增强,伴随着相应的颞区内侧(region)的激活减弱(Opitz & Friederici,2003)。fMRI 研究句子产出表明,更不熟练的二语者基底神经节的激活减弱(Golestani, N. et al. ,2006)。这些研究证明了二语者习得和理解句子时,可能减弱地利用程序性体系,并且程序性记忆结构更多地与学习者更高水平相关。然而,高水平的二语者并不一定产生如同本族语般的理解。即使是在离线任务中与一语者难以分辨的学习者或者经历长期语言浸入的学习者,都没有对形态句法现象表现出如同本族语般的程序性理解(Marinis, T. et al., 2005)。这些结果表明,经历和练习并不足以发展如同本族语般的二语语法理解技巧,同时脑成像结果表明语言水平的差异影响更多的是二语语义而不是语法(Wartenburger, I. et al., 2003)。

1.4.2.1 记忆与语境

与陈述性记忆和程序性记忆相关的角色受到学习语境的调节。陈述性记忆对主要受到显性二语指导的学习者起更大的作用,而程序性记忆对大量接触二语却没有得到显性指导的学习者起更大的作用。

成年期习得的二语语法并不依赖于用于理解本族语的相同脑结构(例如,额—纹状网络,fronto-striatal network)(Ullman, 2001)。习得二语在已特定的或部分特定的语言体系的语境中产生,二语会在如同一语学习的语言表征内接受会合的神经表征(Green, 2003)。Green(2003)的会合假设认为本族语和二语之间的最后神经差异会随着语言水平的提高而消失。

工作记忆在浸入环境(immersion settings)中扮演着更重要的角色,因为这其中的理解需求可能最高(Sagarra & Herschensohn, 2010)。研究已在具有浸入经历的学习者中发现了工作记忆的促进作用,而在不具有此经历的学习者中没有发现(LaBrozzi, 2012)。由于需要把元语言信息保存在记忆中,并同时理解和产出语言,工作记忆对更显性环境的学习有预测性。首先,工作记忆在二语理解和二语发展中扮演着角色(Linck et al., 2014)。语境和语言结构这些因素调节工作记忆对二语发展的影响(Linck et al., 2014)。实验证据表明,工作记忆可以预测在输入更加不被控制的环境(例如,在国外学习)中的理解变化。此观点符合理解需求,工作记忆的作用在浸入环境中更大(Sagarra & Herschensohn, 2010),工作记忆与具备语言浸入经历的学习者相关,而与二语学习经历仅限于传统教室环境的学习者不相关(LaBrozzi, 2012)。其次,对于陈述性记忆,具备更大能力(declaratively)陈述性记忆的学习者,在二语学习的更早期阶段表现得更成功,且当语境更显性时,这种关系加强(Ullman,

2015)。对于程序性记忆,具备更大能力程序性(procedurally)学习的个体,在二语学习的更晚期阶段表现得更成功,且当语境更不显性时,这种关系会增强(Ullman,2015)。这说明在更不显性的、更加以接触为基础的语境中,程序性记忆的作用会提高,程序性记忆表明了在国外学习语境的学习者总的神经反应强度的增加。

1.4.2.2 陈述性/程序性模式

陈述性/程序性模式(Ullman,2001)提出,在正常的单语者中,单词按陈述性记忆体系表征,而语法规则按调解程序运用的认知体系来表征。

Ullman(2004)提出了陈述性/程序性模式(declarative/procedural model):记忆任意的、特定单词知识的心理词典依赖于陈述性记忆的内侧颞叶底层(substrate)。相反,心理语法依赖于程序性记忆的额(frontal)、基底神经节(basal-ganglia)、顶(parietal)和小脑结构(cerebellar)。基于与语言理解相关的两种大脑记忆体系间的区别:陈述性体系(declarative system)促进记忆的单词和词组的储存,并根植于特定大脑结构的网络,包括颞内侧区(medial temporal)和前额皮层区;程序性体系涉及理解语言的综合规则,并依赖于包括额—基底神经节循回和颞下回(BA44,或布罗卡区)网络(Ullman,2004)。

Gupta(2011)提出单词学习需要来自两种记忆系统的促成:学习单词的语音形式依赖于非陈述性记忆机制,而学习单词的语义表征依赖于陈述性记忆。此观点与 Ullman(2004)的观点相反,Ullman 认为陈述性和程序性记忆分别是构成词汇和语法的基础。

根据 Ullman(2001,2004)陈述性模式/程序性模式,程序性/陈述性知识受到不同的神经体系的调节:额—纹状网络(例如,布罗卡区和基底神经节)是第一类,左颞区是第二类。陈述性/程序性模式提出了额—纹状网络调节语法规则的运用(例如,推断规则形式以备产出,并分解这种形式以备理解),而颞记忆体系促进不规则动词的储存。先前的一些研究表明额—纹状网络是语言理解的形态—句法方面的主要神经相关物(Tettamanti et al.,2002)。

1.4.2.3 记忆与成熟期

依照 Ullman(2001,2004)的研究,内隐习得的一语可能受到仅仅在关键期引发的内在语言学习机制的调节,而二语通过被正规指导,通常是外显习得。因此,二语的语法知识不能通过与内隐理解(例如,布罗卡区和基底神经节(是一语语法的理解区域))相关的神经结构来理解。

心理学家认为,二语者习得的早期阶段存在对一语的依赖,以便调解对二语词汇项目意思的提取(Kroll & Stewart, 1994),因为二语单词通常参考现存的一语概念(通过一语翻译来调节二语,而一语是受概念调节的)而习得。随着二语水平的提高,二语者会减小对一语的依赖。更高水平的二语者会产生词汇—语义心理表征,与一语中构建的心理表征更相似。

晚期二语学习者过度依赖陈述性体系,而本族语者则依赖程序性体系。二语者理解时过度依赖陈述性体系是由于儿童期和青春期的成熟变化导致了程序性体系的衰减和陈述性体系的提高(Ullman, 2005)。由于这些变化,晚期二语学习者主要使用陈述性记忆体系来理解通常牵涉本族语组合理解的复杂语言形式和词组,因此经验和练习帮助学习者发展二语程序性技能,高水平二语学习者的语法理解最终能变成本族语般的水平。

根据陈述性程序性模式(DP model),学习者的程序性记忆比陈述性记忆对成熟期限制(maturational constraints)更敏感。语法理解的习得年龄(age of acquisition, AOA)效应与程序性记忆的成熟期性质有关。由于是记忆而不是推断语法转换(grammatical transformation),因此晚期语言学习者更多地使用陈述性记忆(Paradis, 1994),这会造成陈述性系统(例如,左 BA47)增强的活动。

1.4.3　神经机制下的二语句子理解与工作记忆

与一语相比,二语句子理解的性质是更不自动化、更费力,因此被认为是一个受控制的过程(Indefrey, 2006; Abutalebi, 2008)。二语句子理解基本上是通过支持一语句子理解的相同神经网络。二语学习者必须通过利用额外的认知资源(例如,工作记忆、注意和监察)来弥补更低的效率。因此,二语学习者使用与更全面的认知控制相关的神经结构和语言特定过程的神经结构(Indefrey, 2006)。

低水平二语者从事额外的大脑活动,主要在前额区(Briellmann et al., 2004)。与高水平二语者相比,低水平二语者对句子和语篇层面理解在左侧颞叶激活了更少量的脑区,说明低水平二语者对二语语料的语言理解并不详细（Perani et al.，1998）。低水平二语学习者通常在延伸到 BA45/46 广泛分布的前额皮层前部显示出了激活群（Abtalebi，2008；Sebastian，R. et al.，2011）。高水平二语学习者的一语和二语间显示出了激活的重叠，而低水平二语学习者在两种语言间显示出了更小的重叠，并且征用了额外的脑区（Higby et al.，2013）。

Hasegawa et al.（2002）实验证明，二语比一语在颞区左侧（left temporal region）和传统语言区后部（posterior classical language region）引发了更大的激活，对言语工作记忆子系统区域（缘上回左侧、中央前沟左侧（left precentral sulcus）和辅助肌动区）产生更强、更一致的语言影响。中等流利双语者理解时更大程度地涉及对二语的语音复述（phonological rehearsal）和保存（retention）。因为二语学习者以语音表征的形式保存单词，更多依赖于语音再编码和复述（phonological recoding and rehearsal）。语音理解也在中央前沟区激活中发挥作用。同时，二语比一语在听力感觉区域——颞横回（Heschl's gyri）显示了更大的激活，这说明二语比一语理解更困难。此区域的激活显示了反馈效应，即受到其他区域理解二语的额外工作负荷的调解（例如，语言理解复杂性或额外的语音保存）。因此，一语和二语不同的激活模式部分地反映了理解每一种语言的工作负荷。另外，一语和二语的句子理解差异影响了理解的多层面（包括刺激编码（stimulus encoding）和语音保存），因为二语在句子理解时强加了更大的工作负荷，这在更强的联系区域影响了激活量（activation volume）、区域间的反馈和来自相互作用的网络体系的最后激活模式。

1.4.3.1 对前额效应的解释

尤其是就词汇—语义域中的单词产出研究以及语法任务来说，低水平二语者脑区的独特活动位于与一语者相关的相同前额网络中，但是在更大程度上应用于与认知控制相关的传统语言区域中（例如，BA9，46，47）的更前区域（Miller & Cohen，2001）。

在神经层面，对控制机制减弱的依赖是由前额活动减小来表示的。因此，前额效应不是语言特有的神经表征的问题，而是理解特有的需求问题，即二语者理解"弱"体系的认知努力比理解"强"体系更高。对这些可塑性变化（plastic changes）的解释是在充分掌握的任务中，随着认知努力的减小，二语者产生了更少的前额活动（Thompson-Schill, D'Esposito & Kan, 1999）。因此，前额皮层左侧的钝化（deactivation）与任务内在的理解需求的减小相联系，而不是在那个区域对词汇项目的神经表征的任何变化。

Rodriguez-Fornells et al.（2006）提出了两种相互联系的控制／抑制机制可能调节双语者的竞争：当语言图式被激活时，前额皮层可以执行自上而下的控制抑制机制；这种前额选择／抑制机制可能与竞争中控制非目标语言的激活水平的更局部和自下而上的抑制机制相互作用。

Rodriguez-Fornells et al.（2006）与 Abutalebi & Green（2007）支持前额皮层对于双语者语言理解的重要角色，因为它的关键位置和与许多新皮层（neocortical）和下皮层（subcortical）区域相互联系。遵循 Petrides 两阶段层级的细分，前额皮层可以再分为两个不同区域（Petrides, 1998）：背外侧（dorsolateral）前额皮层（BA9 和 46）会执行顺序理解和自我监察功能；而腹外侧（ventrolateral）前额区（BA45 和 47）执行更低层次的功能，此功能蕴含（entail）着短时记忆中刺激间的比较，以及基于来自后部皮层联想体系的有意识的、外显的提取信息和对反应次序的积极组织（Petrides, 1998）。

两层面假设（two-level hypothesis）清楚地划分了前额皮层的提取功能：积极控制的（策略的）提取（active-controlled retrieval）需要使用前额下皮层，自动提取（automatic retrieval）则不需要（Petrides, 1998）。积极控制的（策略的）提取与自动化提取之间的差别有很深的含意（implication）。在弱的二语中产出单词、产出声音或者遵循规则可能是"非自动化"任务，而一语中的理解可能是自动化的。因此，仅仅对于前者使用前额下皮层是必要的，因为二语是按控制的方式来理解的。

总之，句子理解比句子产出是更被动、更自动化的任务（Abutalebi, Cappa & Perani, 2001）。语言控制涉及一套大脑区域，例如，尾状核、前额皮层、前扣带皮层和缘上回。这些结构传统上与认知控制相联系（Abutalebi & Green, 2007）。这些与水平有关的差异也已在 ERP 研究中被证实（Elston-Guettler et al., 2005；Proverbio, Leoni & Zani, 2004）。

1.4.3.2　神经机制下二语句子理解中的前额效应

二语句子理解对工作记忆资源有需求，尤其是更低水平的学习者。执行功能支持对二语运用必须的各种认知控制机制,因此工作记忆一直涉及二语句子理解的研究。

句子理解比句子产出是更被动、更自动化的任务。二语学习者必须通过额外的认知资源(例如,工作记忆)来弥补更低的效率。与一语句子理解相比,二语句子理解的性质更不自动化、更费力,因此被认为是一个受控制的过程。语言控制涉及大脑的前额皮层,此结构传统上与认知控制相联系(Abutalebi & Green,2007)。在前额皮层内的活动反映了对通达短时记忆或长时记忆表征的执行控制(Fletcher et al.,1998)。因此,通过与控制的理解(例如,与认知控制有关的脑结构)有关的神经通路可以理解一种相对"弱"的二语体系(例如,低水平二语),而"强"的二语体系(例如,高水平二语)可以以一种更本族语的、更自动的方式来理解。二语言语者通过更大程度地驱动这些区域来补偿更低的二语效率。一旦二语达到如本族语般的水平,这些对二语的神经补偿效应会消失(Indefrey,2006)。二语者句子理解显示了在左前额皮层转换到一种更不熟练的语言(Wang et al.,2007)或者抑制理解一种不相关的语言(Rodriguez-Fornells et al.,2002)持续增加的 fMRI 反应,这说明语言水平的提高与自动化的增加相联系。二语学习者不仅在与一语有关的前额网络显示出了激活,而且在与认知控制相关的传统语言区域(例如,BA9,46,47)的更前区域也显示出了激活(Ruschemeyer et al.,2005)。高水平的二语学习者前额皮层前部的活动减少,这说明此区域减弱的激活与理解任务内在需求的降低相联系。

与一语本族语阅读者相比,二语阅读者从语音解码到语义检索自下而上的理解更慢一些,会表现出减小的组块能力。由于对词形或语音单位较差的组织或者较弱的表征,二语阅读者比一语阅读者在工作记忆中保存更少量的信息。因此,二语阅读者必须使用更多的认知资源,尤其是工作记忆来应付文本的连贯以便成功地阅读理解。更低工作记忆容量的阅读者拥有更不灵活的"门控"机制,因此,阅读时不能成功地将重要信息按路径发送到前额皮层或者在二语阅读时,不能抑制本族语中不相关的信息。低水平二语学习者需要更强的工作记忆来填补文本连贯的间隙,增强的工作记忆更多地帮助低—中水平二语学习者阅读理解。高水平、成功的二语阅读者在激活主要的语义选择和提取区域(例如,额下回和颞中回)间的联系时,与一语阅读者大脑网络模式相似,因为他们更少地依赖认知资源,更集中注意力从周围的语境中直接通达单词和句子的意思。这意味着关键的认知控制区域(例如,背外侧前额叶皮层)并不像低工作记忆容量的二语阅读者那样易被强烈激活。低水平二语阅读者使用前额叶皮层,尤其是背外侧前额叶皮层作为中心,激活了更自上而下的注意和控制过程(Grant et al.,2015),而负责做出推断的大脑网络(例如,背内侧前额叶皮层)不可能被激活,因为阅读者更集中于自下而上的、单词层面的理解,而不是把句子联系和整合起来以便构建情境模型。这说明低水平二语学习者进行自下而上二语理解时,需要更大程度地依赖注意/执行控制,而那些具备更强工作记忆的二语学习者会更有效地应付好这两项任务。这也与神经证据相一致:当学习者执行极其耗费工作记忆的两项任务时,前额皮层(尤其是背外侧前额叶皮层)会变得特别活跃(D'Esposito et al.,1995)。低水平二语学习者更强地唤起认知控制网络,而高水平二语学习者更有效地(和更不费力地)使用语义网络来通达和提取二语意思,这显示了语言间词汇—语义竞争时,从注意控制(更费力的非语言理解)到注意意思通达(更自动的语言理解)的转移。

二语者在语言任务运用方面的经验和练习,可导致左前额皮层内递减的神经活动。因此,任何"前额效应"会反映语言间二语控制的理解,而不是二语自动化理解的竞争。控制结构的特殊参与强调了二语句子理解的特性,即与一语相比,二语是更控制的理解(Abutalebi & Green,2007)。同时,一旦二语者达到本族语般的水平,二语者句子理解时会更少地依赖控制结构;二语是以一种更本族语般的方式来理解的。例如,二语者在语法任务中会更大程度地驱动额下回左侧,因为他/她需要更控制的理解。与此相关的一些研究也表明了额下回左侧的非语言功能,例如,认知控制(Koechlin & Jubault,2006)。因此,大量激活的神经元表明,额下回左侧内的与认知控制相关的神经元积极支持额下回左侧的语言功能(Indefrey,2006)。

2.1 研究问题

题元角色委派(谁对谁做了什么)要求对句法、语义和世界知识信息进行迅速组合。例如,下面三个句子(表 2-1):

① The dog is biting the milkman. —(control condition)控制条件。

② The cook is biting the milkman. —(world-knowledge violation condition)世界知识违反条件。

③ The cup is biting the milkman. —(animacy violation condition)生命性违反条件。

表 2-1　三种条件下使用的语料例示(ERP 是通过打码例句中的黑体字来测量)

条件	解释	例子
控制句	无违反	The dog is biting the milkman.
世界知识违反	根据我们的世界知识,动词不大可能是第一个名词短语中的名词的行为	The cook is biting the milkman.
生命性违反	动词不可能是第一个名词短语中的名词的行为	The cup is biting the milkman.

三个句子都有一个简单、主动、无歧义结构,并且是按英语中规范的(SVO)主语—动词—宾语顺序排列,但是介于动词和前置主语论元之间概念关系的合理性发生了变化。动词"bite"需要有生命性的主语执行行为的施事,

除非被用于隐喻的意思中（例如，"The fire is so hot today that it really bites my hand."）。在例句（1）中，主语名词"dog"是动词"bite"完全合法的施事者，狗咬牛奶工的行为是一个合理事件。例句（2）违反了世界知识，尽管厨师可以咬牛奶工，但这样的事件与我们对世界的共识不符。例句（3）违反了生命性，这是因为句法理解产生了基于单词种类信息（名词—动词—名词）的（SVO）主语—动词—宾语结构，但语义理解与这个结构不一致，这就产生了题元理解问题，因为句子的主语不能充当动词行为的施事者。

本实验采用的是 Nakano，Saron & Swaab（2010）的实验，略做改动。本实验考察了低工作记忆容量和高工作记忆容量的被试是否和何时会利用生命性信息和世界知识在理解简单、无歧义的句子时委派题元角色。本实验预测：相对于控制句，不同的工作记忆广度的被试对于生命性违反条件和世界知识违反条件中的第一个名词短语（NP1）中的名词、动词（V）和第二个名词短语（NP2）中的名词所引发的 N400 效应和 P600 效应，预测问题为：

（1）相对于控制句，世界知识违反的条件下，高广度和低广度被试都产生了第二个名词的语义理解困难，即 N400 效应。

（2）相对于控制句，生命性违反的条件下，高广度被试对于第一个名词产生了语义理解困难，即 N400 效应。

（3）相对于控制句，生命性违反的条件下，高广度被试对于动词产生了句法理解困难，即 P600 效应。

（4）相对于控制句，生命性违反的条件下，低广度被试对于动词产生了语义理解困难，即 N400 效应。

当前研究的目标是评估理解简单的、主动的无歧义句子时题元信息的个体差异。我们并不打算解决 P600 效应理解特性中的争论。然而，基于上面讨论的 P600 的发现，我们假设在句子理解时被考虑的信息源的重要性会随着二语者工作记忆广度而变化，并且这会在题元理解时产生不同困难的电生理特征（N400 或 P600）。

2.2 被试

Nakano，Saron & Swaab（2010）的实验研究对象为英语本族语者，而不是二语学习者。本实验的被试为二语学习者。

参加实验的被试是美国亚利桑那大学的 60 名中国留学生,他们参加过中国大学英语四级考试,成绩为 450～500 分。60 名中国留学生(50 名女生、10 名男生)中,年龄 19～29 岁的 15 名被试由于属于中工作记忆容量而被排除, 5 名被试由于脑电信号中的过度眼动和肌肉活动对脑电数据的影响被排除, 剩余的 40 名学生中,20 名受试被归为高工作记忆容量(15 女、5 男),20 名受试被归为低工作记忆容量(17 女、3 男),均为右利手,视力或矫正视力及听力正常,没有脑外伤和神经系统疾病史。实验结束后,每人获得一定报酬。

2.3 实验材料

2.3.1 工作记忆容量测试

本实验的前测验是基于 Daneman & Carpenter（1980)的实验,分为 2 个部分来测量被试的工作记忆容量:阅读广度测试(reading span test)和听力广度测试(listening span test)（见附录 1 和附录 2)。鉴于 Waters & Caplan（1996)对于早期阅读广度测试只测试储存而忽略了理解的批评,本阅读广度测试中加入了语法判断任务(grammaticality judgement task),阅读广度测试包含 60 个无关联的主动语态的简单句,其中 30 个句子语法正确,30 个句子语法不正确,每个句子的长度是 11～13 个单词,每个句子由不同的单词结尾,被试判断正误并写下每句的最后一个单词。听力广度测试也是 60 个句子,由 30 个正确句子和 30 个错误句子组成,所有句子选自常识测试书,涉及生物、物理、地理、文学、历史、时事等各领域的知识,每个句子的长度是 9～16 个单词,每个句子由不同的单词结尾,被试听后判断正误并写下每句的最后一个单词。

阅读广度测试和听力广度测试中的 60 个句子分别为 3 套(set),每套题中的句子数量分别为 2、3、4、5、6,每个句子只呈现一次,受试需要在计算机房按两个键中的一个键来判断每个句子是否正确。每个句子的间隔是 7 秒,在每套的所有句子题(分别为 3 套的每套的 2 个句子、3 套的每套的 3 个句子、3 套的每套的 4 个句子、3 套的每套的 5 个句、3 套的每套的 6 个句子)被呈现后, 一个文本框出现在屏幕上,要求被试输入所记忆的每个句子的最后一个单词。在听力广度测试中,回忆的单词数量被记录为测量被试听力阅读广度的储存;

另一方面,被试的句子语法正确性的判断代表对他们阅读广度理解的测量。如果受试在 3 套题中每套包含 4 个句子题中 2 套题正确,工作记忆广度是 4;如果 3 套题中只有 1 套题正确,记忆广度是 3.5。在阅读广度测试中,测试把单词回忆和句子语法判断的分数分别转为标准分数(z-score)并取两者的平均数得出合成分数(composite score)。听力理解广度测试也同样得出合成分数。基于合成分数,高和低工作记忆容量被试的工作记忆广度在 2～5.5 词之间,"高广度"为 4 个以上的词,"中等广度"为 3～3.5 个词,"低广度"为不足 3 个词。15 人因为属于"中等广度"被排除。为了使两组的不同最大化,高工作记忆容量组的合成分数中的标准差至少在平均数之上。

2.3.2 语料

根据三种条件,简单、进行时、主动语态的 270 个句子分别为 90 个控制句子、90 个世界知识违反句子和 90 个生命性违反句子。

我们把三个条件句分为三套题元关系:

① 施事和行为(the agent and the action)(例如,"狗／厨师／杯子正在咬");

② 行为与题元(the action and the theme)(例如,"正在咬牛奶工");

③ 施事、行为和题元(例如,"狗／厨师／杯子正在咬牛奶工")。

为了三套的呈现顺序在被试之间抵消平衡,我们创建了三个区组(block),这样动词和第二个名词短语(例如,"is the milkman")就不会在一个区组中重复出现,但是所有这三个合理度条件会在所有这三个区组中都得以同等表征。这三个区组的呈现顺序在不同的被试之间被抵消平衡。

同时,除了 270 个实验句外,根据词汇和句法结构,加入了区别于实验句的 90 个填充句(filler sentence)。填充句包含了 60 个真词句和 30 个假词句。真词句包含形容词和副词。其中 36 个真词填充句以无生命性的名词开始,一半是过去时,并且／或是被动语态,并且／或是不正确的过去时和被动语态。同时,为了避免被试预测到第一个名词的生命性,一半正确的真词填充句以无生命性的名词开始,一半不正确的真词填充句以有生命性的名词开始。

实验 360 个句子拉丁方后,每位被试需要做 180 句,分为 4 个区组休息。

2.4　实验程序

实验在 ERP 技术实验室中的隔音电磁屏蔽室进行。实验中,受试戴耳机坐在离计算机屏幕 100 厘米的沙发上。实验时先在电脑屏幕中央呈现白色注视点"+"(1 000 毫秒),在阅读信息的过程中,依然可见白色注视点"+"(3 080 毫秒),在句子结束后,有额外的 2 000 毫秒间隔。白色注视点"+"随后由绿色注视点"+"代替,持续 3 000 毫秒,这样被试对阅读句子进行"是"或"否"的句子可接受度按键判断,测试 360 个句子(包括 270 个实验句和 90 个填充句)。被试被告知当实验过程中出现白色注视点"+"时禁止眨眼,禁止头部及全身的其他运动。

2.5　ERP 数据采集和分析

被试戴电极帽,CZ 在中心,外面 6 个电极,参考电极在左耳后乳突,M2 在右耳后乳突,水平眼电在眼角后约 1 厘米处,垂直眼电 L 在左眼睛正上方眉毛上方,垂直眼电 U 在左眼睛正下方约 1 厘米处。先用酒精棉球将 6 个位置清洗 30 次以上,准备 6 条胶布分别置于椅子扶手两侧,左 4 右 2,再在电极内注满电极膏,略超出一点高度,在相应位置上用胶布固定好。

固定电极帽下带,询问被试感觉,调整至舒适后,开始打电极膏,先打接地"GRAND",其他依次打好,M1 不用打,所有电极阻抗降到 5 kΩ 以下,关掉"star stop impedance"界面。点击 SCAN4 程序界面中的红色按键,开始监控脑电,有红色水印"no data record"提示还未开始记录脑电数据。打开 E-PRIME,开始练习,练习结束,没有问题后,请被试暂停,点击记录数据,请被试正式开始试验。

被试佩带 Electro-Cap 64 导电极帽,采用 Neuroscan Synamps 2 记录脑电,电极与头皮接触电阻保持在 5 kΩ 以下。分析时程为 200～1 000 毫秒。在这些分析时段里,10% 的伪迹信号被剔除。对所要考察的各类刺激的脑电数据进行叠加平均。为了能够更清楚地观测各类刺激的波形及相互之间的差异,对各类刺激总平均的 ERP 波形进行 25 赫兹低通滤波,对于控制句、世界知识违反和生命性违反中的主语名词、动词和宾语名词的平均 ERP 数据进行分析,但是所有用于统计分析的数据都来自未被滤波的 ERP。

实验过程中采集了 32 通道(国际标准 10—20 系统)的脑电数据。本书选用基于 matlab 的 EEGLAB 和 ERPLAB 工具包对脑电数据进行处理。处理步骤如下:

第一步,将数据导入,并以 M2 作为参考通道完成重参考;

第二步,降采样至 500 赫兹;

第三步,提取脑电通道的 Fp1、Fpz、Fp2、F7、F3、Fz、F4、F8、FC5、FC1、FC2、FC6、C3、CZ、C4、CP5、CP1、CP2、CP6、P3、PZ、P4、POZ、O1、O2 电极数据(图 2-1);

第四步,对脑电信号采用 0.1～30 赫兹的 butter 滤波器完成带通滤波;

第五步,对滤波后的脑电数据按照事件标签完成分段提取,即提取事件标签为 200～1 000 毫秒的信号;

第六步,对提取的 1 200 毫秒信号采用 ERPLab 的眨眼伪迹去除眼动干扰。

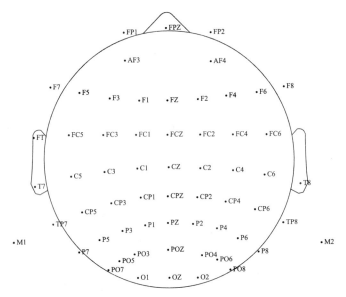

图 2-1 脑电极分布(Electrode configuration)

脑电数据按照前实验工作记忆容量分组,分为高容量组和低容量组。每组志愿者均完成语句:分别为对照句、世界性知识违反和生命性违反。每组语句可分为主语、谓语和宾语。综上所述,可将每组人员的任务区分为 9 种状态(表 2-2)。

表 2-2 任务区

打码	对照组	世界知识违反	生命性违反
主语	11	12	13
谓语	21	22	23
宾语	31	32	33

项目组提取了每种状态的脑电 ERP 数据（N400 和 P600），即 300～600 毫秒的 ERP 响应平均幅值和 600～900 毫秒的 ERP 响应平均幅值，并将任务之前的 200 毫秒作为基线值。

项目组对脑电数据采用重复测量方差分析进行处理，分别按照世界知识违反 VS 对照组、生命性知识违反 VS 对照组两种模式完成重复测量方差分析、ANOVA 统计分析。相对于 100 毫秒前刺激基线，分别在 N400（300～600 毫秒）和 P600（600～900 毫秒）时间窗口，对 25 个电极的每个点对关键词的 ERP 成分进行平均波幅测量。同时，对每个时间窗口和每个题元操纵进行方差分析：

① 300～600 毫秒：世界知识违反对比控制句、生命性违反对比控制句；

② 600～900 毫秒：窗口也有相同的两种类型比较。

同时，分别对主语名词、动词和宾语名词进行方差分析。所有方差分析包括了小组（高工作记忆广度对比低工作记忆广度）、合理性（世界知识违反，控制句；生命性违反，控制句）和电极（25 个点）。

实验分别显示了高工作记忆广度被试和低工作记忆广度被试对于控制句、世界知识违反条件和生命性违反条件在 Fz、Cz 和 Pz 3 个电极位置主语名词、动词和宾语名词时间锁定的总平均 ERP 结果。实验的测量结果采用 SPSS19 统计分析软件包进行三因素重复测量方差分析，并进行统计结果 Greenhouse-Geisser 校正。

第三章 讨论与结论

3.1 EEG 数据分析

高和低工作记忆容量被试 300～600 毫秒和 600～900 毫秒 ERP 数据显示如下。

3.1.1 300～600 毫秒的 N400 平均幅值

3.1.1.1 低容量组

（1）世界知识违反相对于控制句

语义组不存在主效应（（$F_{(1,19)} = 1.18$, $p = 0.291$）。主谓宾组（sentence constituent: noun vs. verb vs. object）未存在显著主效应（$F_{(2,38)} = 3.43$, $p = 0.065$）。

（2）生命性违反相对于控制句

语义合理度组不存在主效应（（$F_{(1,19)} = 0.062$, $p = 0.805$）。主谓宾组未存在显著主效应（（$F_{(1.06,20.2)} = 0.065$, $p = 0.816$）。

3.1.1.2 高容量组

（1）世界知识违反相对于控制句

语义合理度（plausibility）组不存在主效应（$F_{(1,19)} = 4.018$, $p = 0.059$）。主谓宾组未存在显著主效应（$F_{(2,38)} = 0.85$, $p = 0.43$）。

（2）生命性违反相对于控制句

语义合理度组不存在主效应（$F_{(1,19)}=0.094$, $p=0.762$）。主谓宾组未存在显著主效应（$F_{(2,38)}=3.185$, $p=0.053$）。

3.1.2 600～900毫秒的P600平均幅值

3.1.2.1 低容量组

（1）世界知识违反相对于控制句

主谓宾组不存在主效应（$F_{(2,38)}=0.737$, $p=0.485$）。语义合理度与电极区的交互效应不存在显著（$F_{(2.272,43.166)}=0.907$, $p=0.423$）。

（2）生命性违反相对于控制句

语义合理度组未存在显著主效应（$F_{(1,19)}=1.86$, $p=0.18$）。主谓宾组不存在主效应（$F_{(1.05,19.99)}=0.176$, $p=0.69$）。

3.1.2.2 高容量组

（1）世界知识违反相对于控制句

主谓宾组不存在主效应（$F_{(2,38)}=0.07$, $p=0.93$）。语义合理度与电极区的交互效应未存在显著主效应（$F_{(1.43,27.27)}=3.24$, $p=0.069$）。

（2）生命性违反相对于控制句

语义合理度组未存在显著主效应（$F_{(1,19)}=3.92$, $p=0.062$）。主谓宾组不存在主效应（$F_{(1.47,27.98)}=0.227$, $p=0.73$）。电极之间存在显著主效应（$F_{(2.22,42.21)}=5.778$, $p<0.001$）。语义合理度与电极区的交互效应显著（$F_{(2.84,53.66)}=6.21$, $p<0.001$）。主谓宾组与电极区的交互效应显著（$F_{(2.74,52.23)}=3.92$, $p<0.05$）。

3.2 讨论

本族语工作记忆容量的个体差异对理解句法上非歧义句子结构的影响已被充分研究（van Petten et al. , 1997; Nakano et al. , 2010）。然而，通过EEG实验，记录二语学习者理解简单、主动句中题元关系时的工作记忆的可能角色的研究很少。这可能是因为理解简单的非歧义句,似乎并不需要特别大的工作记忆容量。然而前面篇章中的研究已表明,在题元理解过程中,二语者理解句法、语义和世界知识信息确实存在更动态的相互作用,并且一些证据表明在线句子理解过程中二语低广度被试更不可能比高广度被试运用更多的生命性信息。

本研究的目标是确立由阅读和听力广度评定的二语个体工作记忆容量差异是否会影响简单、主动英语句子中题元关系的实时理解。我们观察到,二语高和低广度被试在题元理解过程中,在线运用生命性而不是世界知识信息存在着质的差异。

如所预测,在控制和生命性违反条件间的比较中(例如,"The dog/cup is biting the milkman."),二语高广度被试对句子中第一个无生命名词显示出理解负荷,引发了 P600。尽管形态句法违反确实引发了 P600 效应,但来自一语理解文献的结果表明 P600 并不只是与句法相联系(DeLong, Quante & Kutas, 2014; Kolk & Chwilla, 2007; Kolk et al., 2003; Kuperberg et al., 2007; Paczynski & Kuperberg, 2012; van de Meerendonk et al., 2010)。其他研究已表明受过教育的一语者对于屈折不规则引发的脑反应也会表现出质上的可变性,而一些一语者并不引发 P600 效应(Grey et al., 2017; Tanner & van Hell, 2014; Pakulak & Neville, 2010)。

我们认为,在二语高广度被试中获得的 ERP 生命性效应可以说明,与二语低广度被试相比,二语高广度被试拥有工作记忆容量,当听到句子中第一个名词时,可以运用这种生命性信息在句子中委派临时的题元角色。两种信息支持这样一种解释,即句子中第一个无生命名词并不经常充当英语句子的施事或主语(Bates & MacWhinney, 1989; Bock, 1986),二语高广度被试对这种不规则变化敏感。这可能表明句法分析者应该抑制规范的 SVO 句来支持(代价更高的)非规范句子结构。未来研究需要测试这种假设的有效性。

这些结果在 Kuperberg(2007)的观点中得到解释,即句子理解依赖于两条平行信息流:一条是句子理解的语义(基于单词意思)信息,一条是组合(基于句法和题元信息)信息。二语高广度被试对置于动词前面的第一个论元可获得的生命信息即时敏感,这影响了更早的时间点的组合语流,产生了由 P600 反映的对动词的负荷。在缺少元语言判断任务中获得了二语高广度被试的 P600 效应,说明 P600 不是一个纯粹的任务驱动效应。

有趣的是,在世界知识违反和控制条件的比较中(The cook/dog is biting

the milkman),在二语高和低广度被试间并没有发现差异。在这种情况下,动词是一种可能的但不合理的施事行为。这说明作为一种工作记忆容量的功能,高和低广度被试在句子理解过程中在线运用世界知识时并不存在差异。然而,生命性信息在句子理解的题元理解过程中扮演着特殊的角色,因此,提取和整合与主语名词的生命性相关的题元整合信息可能比提取词汇—语义信息和世界知识信息需要更多的理解资源。

二语高和低广度被试在句子理解中实时运用生命性信息的差异,说明工作记忆容量确实影响简单、主动句子的理解。

3.3　结论和未来展望

本研究结果表明,工作记忆广度的可变性在二语者题元理解简单、主动句子时影响他们使用生命性信息的方式,而不是置于动词前面论元的世界知识信息。二语高广度比二语低广度被试对生命性信息即时敏感,这从句子第一个名词的理解负荷(违反由无生命名词强加的题元)引发的组合负荷显而易见。未来研究应考虑二语学习者工作记忆广度和二语句子中论元的生命性理解对题元理解的影响,并进一步研究这些因素之间关系的确切性质。当前数据表明阅读理解过程中语义和题元整合理解的不同时间依赖于工作记忆。

第四章　教学启示

ERP 实验研究证明了工作记忆与二语句子理解的相关性,因此把工作记忆融合进二语句子理解的综合模式是必要的。

4.1　通过提高工作记忆来提高二语句子理解能力

二语学习者的"浅层"理解在(复杂)句子解释时很大程度上更依赖于语义,而较少地依赖于句法。在所有的理解层面,二语句子理解比一语理解认知上需要更努力、更费力,因此给额外的复杂计算留下更小的空间。二语句子理解比一语句子理解需要更多的工作记忆资源(Dussias & Piñar, 2010)。工作记忆一直被认为在二语句子理解和发展中扮演着角色。工作记忆促进了理解,且可能在基于意思的理解策略中尤其重要(Faretta-Stutenberg & Morgan-Short, 2018)。在工作记忆中,暂时维持部分语言信息引起了理解和记忆负担。本族语者持续地对有冲突的句法和语义信息显示出敏感性,而二语学习者仅仅是偶尔显示出敏感性。当句子理解需要整合多层面信息(语音、句法和语义)时,支持句子理解的工作记忆涉及不同层面的语言表征(例如,句法、词汇—语义)。正确的语言理解需要使用语言的语法规则知识,来对句子的单词(或词素)间的句法关系进行编码。同时,对耗费工作记忆的句子(例如,结构上复杂、歧义或长句子)进行编码的能力是句子理解的主要决定因素,即语言理解需要在增强的分层距离或次序距离对言语信息进行编码和保存,而同时理解起干扰作用的言语材料可能会干扰已编码的信息。因此,编码的成功可能量上受到单词数量的影响(例如,以容量为基础),而质上受到记忆强度的影响(例如,以衰退、干扰和结构为基础)。句子结束后,对信息的记忆持续的时间间隔长,但对形式的记忆相对脆弱、并且短暂(Sachs,1967)。然而,在句子进展的过程中,为了使非邻近结构关系成为可能,结构形式的各个方面必须保存在"短时记忆"中。成功的句子理解很大程度上依赖于言语工作记忆来编码和保存句法和语义表征(Caplan,2016)。一方面,句子结构在短时记忆中是以一种与长时记忆质上不同的状态被表征。一般认为工作记忆缓冲器支持对句子结构的记忆,许多句子理解困难可能是因为超过了这个缓冲器的容量限制。另一方面,句子理解更好地被塑造为从长时记忆中系列提取句子从属部分,这反而可以通过提取干扰来解释提取困难,因此不需要积极维持结构(van Dyke & Johns,2012)。

二语句子理解的挑战可能一方面源于缺少二语句法和语义的知识;另一方面源于更全面的劣势,例如,在线理解过程中获得更少的认知资源或缺少自动化。语境信息对自下而上的理解有即时的、持续的影响(Nieuwland & van Berkum,2006)。语境限制会对句子理解时的大脑活动产生更早的、持续的影响。工作记忆容量可以预测句子理解能力(Daneman & Merikle,1996),理解增加了工作记忆需求是由于句法歧义或者由于并不连续出现的单词间的长依存和持续增加的工作记忆负荷限制了阅读理解。预期的一些描述已说明,项目如所预料被加入到正在工作记忆中被保存的语境表征中(Lau et al.,2013),这暗示着工作记忆和语言预期理解之间的可能关系。二语句子理解较少的预测特性一直被解释为是由于有限的获得工作记忆容量的可能性(Hopp,2013)。通常,二语学习者学习语法比词汇有更多的困难。Clahsen & Felser (2006)认为尽管晚期二语学习者可以以如同本族语般的方式理解词法,但对句法理解站不住脚(例如,浅层结构假说)。二语学习者语言水平越高,他或她越能更好地识别二语中句法分析和语义间的冲突。这说明高水平二语学习者比低水平二语学习者更重视句法信息,因此在此方面与本族语者相似。晚期二语学习者不能计算(compute)恰当的层级句法表征(hierarchical syntactic representation),因此,很大程度上依赖于涉及语义和语用信息的补偿理解策略(compensatory processing strategies)。在句法和语义的相互作用过程中,工作记忆容量在执行的句子理解过程中,决定一个人如何更好地在工作记忆中维持还没有整合的句法信息。当工作记忆容量低时,对容量需求的句法线路会变得更弱,更可能受到对容量不怎么需求的启发通路(heuristic route)的支配。已知语言输入信息所嵌套的更广泛的文本语境可以影响(甚至支配)我们对语义和句法线索的解释。所指/语用语境和词汇—语义似乎对理解有额外的影响。(语言和语言外的)语境信息在消除句法歧义方面扮演着重要角色(Snedeker & Trueswell, 2004)。二语学习者解决复杂句中歧义的策略受到与本族语相似的词汇—语义信息的影响,却并不怎么受到层级成分结构的影响。因此,尽管一语和二语句子理解体系的基本结构是相同的,浅层句法分析在二语理解中占主导地位。二语句子语境对语义理解的影响与二语句子理解先前的文献一致(Libben & Titone, 2009; van Assche et al. , 2011)。根植于我们"真实世界"知识的词汇—语义信息也指出了对语言输入信息的特定解释,甚至可以对句法信息施加影响。句子成分的语义特征,例如,生命性,一直影响推理过程。例如,收听者往往在"who—did—what—to whom"句子中,把有生命的角色解释为施事,独立于句法以外(Szewczyk & Schriefers, 2001)。这种有生命—施事的倾向说明我们的语义知识很大程度上来源于感觉运动表征(例如,句子理解的情境模式理论(Zwaan, 2016)),感觉运动表征驱使收听者解释与他们真实世界中对事态的理解相符合的输入信息。推理修改是一种资源需求的过程,因为它需要更大的言语工作记忆容量,以便得以有效执行(Pérez et al. , 2015)。

因此,句子理解与工作记忆容量相联系。二语学习者可以通过掌握大量的领域知识来增强对不同语境的理解,从而提高工作记忆容量。领域知识在文本理解和记忆时扮演重要角色(Afflerbach, 1990)。领域知识提供了直接使阅读者通达所需要信息的检索结构。对于二语理解,自上而下的因素,如背景知识,影响二语听力理解更多于二语阅读理解。更低工作记忆容量的个体不能运用语境来消除句法歧义句的歧义,使语言理解更加"模块化",并且认知上不可理解。相反,高工作记忆容量的个体比更低工作容量的个体编码更多的情景信息,高广度阅读者有足够的容量来考虑语用信息;基于语用信息,有技巧的高广度阅读者可利用复杂的句子分析策略。

4.2 通过组块来提高工作记忆容量

句子理解与工作记忆容量相联系。工作记忆容量在建立文本各部分间的连贯性时发挥作用。本书认为未来研究仍有必要继续探讨如何通过组块来提高工作记忆容量,从而提高句子理解的能力。

句子优越效应指的是人类记忆得益于语法表达的语言规则性,因为工作记忆通常得益于需要被储存的项目中结构的存在(Mathy & Feldman, 2012)。项目中的结构和相关性可能通过从单项元素中产出语块,从而促进工作记忆。如果有技巧的句子理解需要积极记忆至多 1~2 个语块,那么差的句子理解就是由于低的工作记忆容量。组块相当于最大限度地压缩正在编码的元素。对信息的再编码巩固了组块,受到最佳压缩的容量限制。对于先前已存在于长时记忆中的语块,如果学习者已将大量复杂模式储存于长时记忆中,那么一些语块会与所呈现的项目相匹配,并且通过激活工作记忆中相匹配的语块来保存所呈现的项目。长时记忆系统包括情节记忆、语义记忆、音节表和二语陈述性知识规则。二语陈述性知识规则是二语专用的。在母语句子产出中,这些规则是自动化的,且为编码系统的一部分(Levelt, 1989);但二语产出中,许多句干结构、短语结构以及词汇和语音规则都未达到自动化,因而以陈述性知识的形式储存。二语句子产出比母语句子产出需要消耗更多的认知资源或需要更多的注意控制。由于缺乏自动化,二语句子产出过程就无法与母语句子产出相提并论,亦即其产出速度要慢许多。工作记忆具有注意控制功能,能利用有限的认知资源对诸如句子理解和产出等信息进行实时(在线)储存及理解处理。工作记忆对语言学习、句子的理解和产出等复杂的人类高级认知活动显然具有重要作用(Baddeley, 2003a)。基于工作记忆的两大认知功能,工作记忆容量大的二语学习者在二语习得的各认知过程中均会享有较大优势。特别是在句子产出阶段,一方面他们可以在检索提取已经储存在长时记忆中的语料的同时,保存当前正在接受理解处理的语料以供在线分析;另一方面,由于他们以语言组块的方式提取语言材料而不需消耗太多认知资源(如语言表达时不假思索、脱口而出现象),他们在句子表达时,可以腾出更多的认知资源用于句子产出的其他阶段,如对概念内容的构思(Levelt, 1989)。二语口语产出很大程度上受到工作记忆容量的限制,工作记忆容量越大,学习者组织交流意图言语编码、储存和提取句法语义和语音信息以及监控语言的能力越强，从而有利于口语产出的概念形成、话语形成及发音。

工作记忆容量有预测组块的能力。组块显著扩大了记忆容量，尤其是可以在概念层面联合个体项目（Gilchrist，2015）。组块可以运用信息来构建，这些信息可以轻易再编码而不必依赖于特定的长时记忆知识。

在句子理解时，我们可以利用句法规则设置的语言规律性来实现组块，这些句法规则表明单个单词是如何结合成词组或句子的。为了正确提取言语表达的整个语言信息，收听者不得不解码言语中编码的、隐藏的句法信息。句法信息的解码对句子理解至关重要，因为它部分地决定了从单个单词中计算组合的意思（Bonhage et al.，2017）；句法信息也会克服容量限制，因为单词总数经常超过言语工作记忆容量——当单词以随机的顺序出现时，单个单词不太容易被记忆；但当单词序列（word sequence）允许组合单个单词成为符合句法的词组时，相同的单词会更容易被记忆。因此，如果能把需要记忆的单词在有语法的单词序列中组块成有意义的单元，而不是在无语法的词序中逐个单词储存，Theta、Alpha、Gamma 效应会减小。由于句子结构减小工作记忆负荷，所以记忆句子片段比记忆随机的词串在这些频段的振幅变化可能更不明显。

除句法规则外，语义相关性允许我们把单个单词结合成概念性的语块，并且产生句子层面的意思。语义相关性对英语搭配（collocation）的输出有促进作用，而对搭配的输入理解过程有抑制作用（Jiang et al.，2020）。对工作记忆的研究表明抑制是一个能预测工作记忆容量的重要因素，抑制是现有二语产出模型中通常会涉及的一个机制（Micheal & Gollan，2005）。有效的抑制机制可以阻止工作记忆中的干扰信息，这样明显扩大了工作记忆容量且可能减小了跨语言的干扰。搭配对口、笔译流利表达起着重要作用。人类大脑强于记忆而非即时运算、理解，记忆中的大量预制搭配可减小大脑对处理理解的要求，从而实现流利表达（Pawley & Syder，1983；Sonbul，2015）。搭配可加速句子理解。因有搭配，使用者无须注意每个单词便可理解话语（Tremblay et al.，2011；Kremmel et al.，2017）。搭配优先模式还表明，二语教学需置身于大量真实、自然语境中，搭配构式必须与正确语境变量密切结合。在二语学习过程中，由于有限的二语输入，母语语境变量往往强势介入，造成二语结构与母语语境错配，产出诸如中式英语的非规范表达。为了限制母语干扰，只有在真实、自然语境中大量输入搭配构式,利用大量的准确输入抢占犯错的空间,使搭配构式与正确的语境变量产生密切心理衔接,才能启动正确语境,确保二语搭配构式的学伴用随(王初明,2009)。句法和语义处理的组合促进了记忆组块。基于结构语言规则的语言组块可以自动地、不费力地、高效率地记忆句子,却不能记忆随机的、无语法规则的词串。词组和句子可算作是语块,因为它们组成了有意义、有结构的多词单位。

根据DP模式(declarative procedure model)(Ullman & Lovelett,2018),学习、表征和储存一语和二语的不同方面与大脑中两种不同的记忆通路(陈述性记忆和程序性记忆)相联系。由于存在 N400 和 P600 成分之间转变的"双相模式",在习得动词词法的早期阶段,二语学习者似乎仅仅对统计规则(例如,转变概率(transition probabilities))敏感,统计规则把整个单词序列(语块和方程式)组合起来;在此阶段的语法违反主要引发与陈述性记忆通路相联系的、如同 N400 般的脑波。在特定的阶段,相同的学习者可能超越输入信息中以统计为基础的模式,并使用产出的组合规则来理解相同的现象;在此阶段的语法违反主要引发与程序性记忆通路相联系的、如同 P600 般的脑波(McLaughlin et al.,2010)。晚期二语学习者主要运用陈述性记忆体系来理解通常牵涉本族语者组合理解的复杂语言形式和词组;二语者在语法任务中会更大程度地驱动左额下回,因为需要更控制的理解。二语初学者首先要经历耗时费力的控制理解过程,这一阶段也是二语字词的累积阶段,经过一段时间的学习与练习,自动化程度提高,所需的认知负荷降低。到了高级阶段,实现完全自动化。低水平二语者在对搭配进行理解时,大量的认知努力消耗在对字词的理解上;而动名之间的语义关系却由于工作记忆容量有限无法充分理解。高水平二语学习者心理词典中已存在相应字词,甚至搭配,因此可以在理解中直接提取并激活目标搭配,从而释放一部分工作记忆中的容量。这些释放出来的空间也有利于对搭配内部关系进行更充分的理解。在必要时,工作记忆中剩余的空间还可用来综合多方面的信息,采用多种策略帮助搭配的理解。因此程式语块在二语学习者语法发展中发挥作用。尽管许多研究者支持二语需要更多的执行控制,并且更大程度上依赖于陈述性记忆体系,便于理解通常牵涉本族语者组合理解的复杂语言形式和词组;也有研究者并不认为二语句子理解主要利用陈述性知识,因为浅层理解可能涉及程序性知识的应用,例如,语用推理

（Clashen & Felser, 2006b）。产出和理解运用相同的理解机制,浅层结构假说也可用于产出。二语产出也更多地受到工作记忆容量的限制。工作记忆容量大的二语学习者在句子理解的各认知过程中均会具备较大的优势。特别是在句子产出阶段,一方面他们可以在理解提取已经储存在长时记忆中的句子信息的同时,保存当前正在理解的句子信息以供实时在线分析;另一方面,由于他们以语言组块的方式提取语言材料而无须耗费太多认知资源,句子表达时可以释放更多的认知资源用于句子产出的其他阶段。同时,二语形态规则违反引发 LAN 效应（Hahne et al., 2006）说明程序系统在二语形态理解中起着积极的作用。二语句子理解主要依赖于陈述性 / 词汇记忆似乎过于简单、站不住脚。因此,正式的二语教学可充分利用词汇建构和句子理解策略,并辅助以语法理解教学。具备更高词汇技能的学习者可能拥有更稳定、更明确的词汇表征,二语教学应注重运用程序性学习系统,加强训练技能,培养二语学习者自动理解二语句子的能力。二语需要更多的执行控制,并且更大程度上依赖于陈述性记忆体系。扮演着更重要角色的是词汇量大小而不是语法技能。一个可能的解释是具备更高词汇技能的学习者拥有更稳定、更明确的词汇表征,能被吸收的重复有助于记忆并且增加学习者的理解深度,提高编码水平。提高词语的出现频率,以语块形式储存有助于节省记忆储存的空间,可以增加学习者工作记忆的容量,从而减少言语理解时间。

因此,在二语教学中,教师一方面可以通过减少盈余信息来降低学习者的认知负荷,另一方面,通过再编码信息来扩大零碎信息的组块化,从而达到增大工作记忆容量的目的。二语句子理解不是仅含程序性知识的单一技能,也不是程序性知识和陈述性知识的简单累加,而是程序性地使用陈述性知识。只有确保陈述性知识的程序化使用,二语句子理解才能高效。

附录 1　听力广度测试

1. The Atlantic Ocean is the biggest ocean on Earth.

2. Newton was inspired by an apple falling down from the tree.

3. Oxygen is very essential and important for human being's life.

4. Mount Kilimanjaro is the tallest mountain in the world.

5. The formal and standard language for Korean is Korean.

6. Beijing, in the northern part of China, is the capital.

7. Water is a transparent rock which forms the world's streams, lakes, oceans and rain.

8. Alfred Nobel, for whom the Nobel Prizes were named, invented dynamite.

9. Mosquito is a small flying insect that sucks the blood of people and animals.

10. The Titanic had enough lifeboats to save almost everyone on board.

11. Ears are the most important visual organ of human being.

12. Brazil has won more World Cup (soccer) championships than any other countries.

13. There are ten zeros in the number one million.

14. The Great Wall is one of American key scenic spots.

15. The largest coffee growing country in the world is China.

16. The smallest desert in the world is Sahara Desert.

17. The biggest island in the world is Taiwan Island.

18. There are less than 40 stars on American flag.

19. On Oct. 10, 1949, People's Republic of China was founded.

20. In September, 2001, terrorists crashed two planes into New York's World Trade Centre.

21. Alaska is the most northern state in the United Kingdom.

22. The United States has the smallest population in North America.

23. The first president of the United States is George Washington.

24. There are 52 weeks and 11 months in a year.

25. Celine Dion is a famous Canadian dancer for the song "My Heart Will Go On".

26. You may name a group of sheep as a flock of sheep.

27. When the weather gets warmer, the snow will begin to melt.

28. Basketball is a game played between two teams of 50 players.

29. The sun rises from the east in the morning.

30. The person who navigates the ship is called captain.

31. In English alphabet, there are less than 24 letters.

32. A prince is a male member of a royal family.

33. George W. Bush is the first African-American President of the United States.

34. Both sugar and salt dissolve in the big rock.

35. The 2008 summer Olympic Games was held in Beijing.

36. A rose is a flower, often with a pleasant smell.

37. When a liquid evaporates, it changes from a liquid state to a gas.

38. You can use an iPhone to download applications that you want.

39. The most southern country in Africa is South Africa.

40. You can find the country of United States in Pacific Ocean.

41. On the eve of Spring Festival, Chinese usually watch spring festival gala.

42. Apple is a company that sells laptops and smart phones.

43. Yale University is a university in the city of Paris.

44. For a normal person, we usually have two arms and two legs.

45. The principal source of energy for the Earth is the moon.

46. The most sensitive organ in our body is hands.

47. The animal referred as the ship of the desert is dog.

48. The coldest continent in the world is South Asia.

49. In the United States, American people usually speak American English.

50. Edison was the first person who invented the light bulb.

51. The Beatles is a famous rock band in France.

52. J. K. Rowling is the author of *Gone with the Wind*.

53. Ernest Hemingway won Nobel Prize for his contribution to Medicine.

54. A year usually has four seasons and 365 days.

55. Beijing University is a famous university in New York.

56. The Battle of Waterloo marked French emperor Napoleon's final victory.

57. Joseph Stalin was the important leader of the Soviet Union.

58. NBA is the most famous American National Football Association.

59. Harvard University is a university belonging to France.

60. The White House is the official residence of American presidents.

附录 2　阅读广度测试

1. The doctor forgot to see the patient and got blame.

2. The swimmer decided to lose weight and began a diet.

3. The soldier declined to leave the battlefield and received an award.

4. The engineer failed in repairing the car and lost his job.

5. The wife agreed to adopt the child and told her husband.

6. The nurse left the patient and refused to give him a hand.

7. The thief planned to steal the money and prepared the tools.

8. The student forgot to do the assignment and failed the exam.

9. The athlete trained himself very hard and injured his leg.

10. The artist succeeded in selling his painting and earned reputation.

11. The politician gave a wonderful speech and won high praise.

12. The scientist hoped to win the prize and worked very hard.

13. The nephew borrowed money from his uncle and forgot to pay back.

14. The tailor accepted the advice and repaired the button.

15. The singer received the flowers and began to sing.

16. The conductor gave the audience a deep bow and then turned around.

17. The chairman entered the room and shook hands with everyone.

18. The boy took off his shoes and climbed up the tree.

19. The driver hesitated to drive the car and left the taxi.

20. The child hated to clean the room and cried loudly.

21. The shopkeeper recognized the actor and gave him a gift.

22. The criminal escaped from jail and killed two persons.

23. The secretary attended the meeting and took notes.

24. The typist typed the paper and submitted it to the boss.

25. The guests paid the bill and left the restaurant.

26. The robbers broke into the shop and stole the necklace.

27. The policeman arrested the thief and began to ask him questions.

28. The milkman delivered the milk and accepted the money.

29. The boy bought red roses and sent them to his girlfriend.

30. The father went to the hospital and saw the son in surgery.

31. The dancer encouraging to join the ballet and talents in music.

32. The dentist pull the patient's tooth unskillfully and criticize by the patient.

33. The golfer were played for money and failing in the match.

34. The businessman were signed the contract and giving a deadline.

35. The runner finished the race and from award a metal.

36. The manager by impressed the man and decided to hire him.

37. The driver stop the taxi and threaten the passenger.

38. The grandma put her coat on and go outside.

39. The engineer built the bridge and feel proud of that.

40. The spy started to tell the truth and was lied for years.

41. The bride decorated the house and look forward to the wedding.

42. The repairman was repair the television and removing bad parts.

43. The librarian lend the book to John but never get it back.

44. The prince yearning to marry the princess and was proposed to her.

45. The writer was edit the novel and prepare to publish.

46. The man firing due to theft without immediate notice.

47. The woman agreed to seeing the play and entered the theatre.

48. The servant wash the vase and was put flowers into it.

49. The worker went on vacation and with high wages.

50. The schoolgirl recited the poem and very nervous.

51. The boy are attempted to watch the sky and count the stars.

52. The pianist focus on playing the piano and forget the audience.

53. The father sent his son to the school and then to his office.

54. The judge have to stop the trial and asking to negotiate.

55. The statesman addressed the audience and down the stairs.

56. The soldier watched a flow of people crossing the bridge and into the distance.

57. The singer afraid of singing in public and then run away.

58. The zookeeper trained the animals and feed them food.

59. The mother looked after the children and washing up the dishes.

60. The sailor set sail and through a new route of South Asia.

参考文献

Abu-Rabia, S. Testing the interdependence hypothesis among native adult bilingual Russian-English students[J]. *Journal of Psycholinguistic Research*, 2001, *30*(4): 437-455.

Abutalebi, J. Neural aspects of second language representation and language control[J]. *Acta Psychologica*, 2008(128): 466-478.

Abutalebi, J. & Green, D. Bilingual language production: The neurocognition of language representation and control[J]. *Journal of Neurolinguistics*, 2007(20): 242-275.

Abutalebi, J. & Green, D. Control mechanisms in bilingual language production: neural evidence from language switching studies[J]. *Language and Cognitive Processes*, 2008, *23*(4): 557-582.

Abutalebi, J., Cappa, S. F. & Perani, D. The bilingual brain as revealed by functional neuroimaging[J]. *Bilingualism: Language and Cognition*, 2001(4): 179-190.

Afflerbach, P. P. The influence of prior knowledge on expert readers' main idea construction strategies[J]. *Reading Research Quarterly*, 1990(25): 31-46.

Atkinson, R. C. & Shiffrin, R. M. "Human memory: A proposed system and its control processes" [M]// K. W. Spence. *The Psychology of Learning and Motivation: Advances in Research and Theory*. New York: Academic Press, 1968: 89-195.

Baddeley, A. D. Working Memory[J]. *Philosophical Transactions of the Royal Society*, 1983(302): 311-324.

Baddeley, A. D. *Working Memory*[M]. Oxford: Oxford University Press, 1986.

Baddeley, A. D. The episodic buffer: A new component of working memory? [J] *Trends in Cognitive Sciences*, 2000(4): 417-423.

Baddeley, A. D. Is working memory still working?[J] *American Psychologist*, 2001(56): 849-864.

Baddeley, A. D. Working memory and language: An overview[J]. *Journal of Communication Disorders*, 2003a, *36*(3): 189-208.

Baddeley A. D. Working memory: looking back and looking forward[J]. *Nature Reviews Neuroscience*, 2003b(4): 829-839.

Baddeley, A. D. *Working Memory, Thought, and Action* [M]. Oxford: Oxford University Press, 2007.

Baddeley, A. D. *The Fractionation of Working Memory*[C]. Proceedings of the National Academy of Sciences of the United States of America, 1996(93): 13468-13472.

Baddeley, A. D. Working Memory[J]. *Science*, 1992(255): 556-559.

Baddeley, A. D. & Hitch, G. "Working memory" [M]// G. H. Bower. *The Psychology of Learning and Motivation: Advances in Research and Theory (Vol. 8)*. New York: Academic Press, 1974: 47-89.

Baddeley, A. D. & Logie, R. H. "Working memory: The multiple-component model" [M]// A. Miyake & P. Shah. *Models of Working Memory: Mechanisms of Active Maintenance and Executive Control*. New York: Cambridge University Press, 1999: 28-61.

Baddeley, A. D. & Warrington, E. K. Amnesia and the distinction between long and shortterm memory[J]. *Journal of Verbal Learning and Verbal Behavior*, 1970(9): 176-189.

Baddeley, A. D., Chincotta, D. M. & Adlam, A. Working memory and the control of action: Evidence from task switching[J]. *Journal of Experimental Psychology: General*, 2001(130): 641-657.

Baddeley, A., Gathercole, S. & Papagno, C. The phonological loop as a language learning device[J]. *Psychological Review*, 1998(105): 158-173.

Bak, T. H., O. Donovan, D. G., Xuereb, J. H., Boniface, S. & Hodges, J. R. Selective impairment of verb processing associated with pathological changes in Brodmann areas 44 and 45 in the motor neurone disease-dementia-aphasia syndrome[J]. *Brain*, 2001, *124*(1): 103-120.

Barde, L. H. F., Schwartz, M. F., Chrysikou, E. G. & Thompson-Schill, S. L. Reduced STM span in aphasia and susceptibility to interference: contribution of material-specific maintenance deficits[J]. *Neuropsychologia*, 2010(48): 909-920.

Bargh, J. A. "Auto-motives: Preconscious determinants of social interaction" [M]// E. T. Higgins & R. M. Sorrentino. *Handbook of Motivation and Cognition(Vol. 2)*. New York: Guilford Press, 1990: 93-130.

Bargh, J. A. "The automaticity of everyday life" [M]// R. S. Wyer. *Advances in Social Cognition*. Hillsdale: Erlbaum, 1997: 1-61.

Bastiaansen, M. & Hagoort, P. Frequency-based segregation of syntactic and semantic unification during online sentence level language comprehension[J]. *Journal of Cognitive Neuroscience*, 2015(27): 2095-2107.

Bastiaansen, M., Magyari, L. & Hagoort, P. Syntactic unification operations are reflected in oscillatory dynamics during on-line sentence comprehension[J]. *Journal of Cognitive Neuroscience*, 2009, *22*(7): 1333-1347.

Bastiaansen, M., Magyari, L. & Hagoort, P. Syntactic unification operations are reflected in oscillatory dynamics during on-line sentence cornprehension[J]. *Journal of Cognitive*

*Neurosci*ence, 2010(22): 1333-1347.

Bastiaansen, M. C. M., van der Linden, M., Ter Keurs, M., Dijkstra, T. & Hagoort, P. Theta responses are involved in lexical–semantic retrieval during language processing[J]. *Journal of Cognitive Neurosci*ence, 2005(17): 530-541.

Bates, E. & MacWhinney, B. "Functionalism and the competition model" [M]// B. MacWhinney & E. Bates. *A Cross-linguistic Study of Sentence Processing*. Cambridge: Cambridge University Press, 1989: 3-73.

Batterink, L. & Neville, H. Implicit and explicit second language training recruit common neural mechanisms for syntactic processing[J]. *Journal of Cognitive Neuroscience*, 2013, *25*(6): 936-951.

Bazanova, O. M. & Vernon, D. Interpreting EEG alpha activity[J]. *Neuroscience & Biobehavioral Reviews*, 2014(44): 94-110.

Becker C. A. Semantic context effects in visual word recognition: An analysis of semantic strategies[J]. *Memory & Cognition*, 1980(8): 493-512.

Bentin, S., Kutas, M. & Hillyard, S. Electrophysiological evidence for task effects on semantic priming in auditory word processing[J]. *Psychophysiology*, 1993(30): 161-169.

Bicknell, K., Elman, J. L., Hare, M., McRae, K. & Kutas, M. Effects of event knowledge in processing verbal arguments[J]. *Journal of Memory and Language*, 2010(63): 489-505.

Binder, J., Frost, J., Hammeke, T., Bellgowan, P., Springer, J., Kaufman, J. & Possing, E. Human temporal lobe activation by speech and nonspeech sounds[J]. *Cerebral Cortex*, 2000(10): 512-528.

Binder, J., Frost, J., Hammeke, T., Cox, R., Rao, S. & Preito, T. Human brain language areas identified by functional magnetic resonance imaging[J]. *Journal of Neuroscience*, 1997, *17*(1): 353-362.

Bock, J. K. Syntactic persistence in language production[J]. *Cognitive Psychology*, 1986(18): 355-387.

Bonhage, C. E., Fiebach, C. J., Bahlmann, J. & Mueller, J. L. Brain signature of working memory for sentence structure: enriched encoding and facilitated maintenance[J]. *Journal of Cognitive Neurosci*ence, 2014(26): 1654-1671.

Bonhage, C. E., Meyer, L., Gruber, T., Friederici, A. D. & Mueller, J. L. Oscillatory EEG dynamics underlying automatic chunking during sentence processing[J]. *NeuroImage*, 2017(152): 647-657.

Bookheimer, S. Functional MRI of language: New approaches to understanding the cortical organization of semantic processing[J]. *Annual Review of Neuroscience*, 2002(25): 151-188.

Bornkessel-Schlesewsky, I., Kretzschmar F., Tune S., Wang L., Genc S., Philipp M. & Schlesewsky, M. Think globally: Cross-linguistic variation in electrophysiological activity during sentence comprehension[J]. *Brain and Language*, 2010, *117*(3): 133-152.

Bornkessel-Schlesewsky, I. & Schlesewsky, M. An alternative perspective on "semantic P600" effects in language comprehension[J]. *Brain Research Reviews*, 2008(59): 55-73.

Bornkessel-Schlesewsky, I. & Schlesewsky, M. Reconciling time, space and function: a new dorsal-ventral stream model of sentence comprehension[J]. *Brain and Language*, 2013(125): 60-76.

Bosch, V., Mecklinger, A. & Friederici, A. D. Slow cortical potentials during retention of object, spatial, and verbal information[J]. *Cognitive Brain Research*, 2001(10): 219-237.

Bowden, H. W., Steinhauer, K., Sanz, C. & Ullman, M. T. Native-like brain processing of syntax can be attained by university foreign language learners[J]. *Neuropsychologia*, 2013, *51*(13): 2492-2511.

Brouwer, H., Fitz, H. & Hoeks, J. C. J. Getting real about Semantic Illusions: rethinking the functional role of the P600 in language comprehension[J]. *Brain Research*, 2012(1446): 127-143.

Brown, J. Some test of the decay theory of immediate memory[J]. *Quarterly Journal of Experimental Psychology*, 1958(10): 12-21.

Budd, D., Whitney, P. & Turley, K. J. Individual differences in working memory strategies for reading expository text[J]. *Memory & Cognition*, 1995(23): 735-748.

Caffarra, S., Barber, H., Molinaro, N. & Carreiras, M. When the end matters: influence of gender cues during agreement computation in bilinguals[J]. *Language, Cognition and Neuroscience*, 2017(32): 1069-1085.

Caffarra, S., Siyanova-Chanturia, A., Pesciarelli, F., Vespignani, F. & Cacciari, C. Is the noun ending a cue to grammatical gender processing? An ERP study on sentences in Italian[J]. *Psychophysiology*, 2015(52): 1019-1030.

Caffarra, S., Mendoza, M. & Davidson, D. Is the LAN effect in morphosyntactic processing an ERP artifact? [J]. *Brain and Language*, 2019(191): 9-16.

Camblin, C. C., Gordon, P. C. & Swaab, T. Y. The interplay of discourse congruence and lexical association during sentence processing: Evidence from ERPs and eye tracking[J]. *Journal of Memory and Language*, 2007(56): 103-128.

Cantor, J. & Engle, R. W. Working-memory capacity as long-term memory activation: An individual-differences approach[J]. *Journal of Experimental Psychology: Learning, Memory, and Cognition*, 1993(19): 1101-1114.

Caplan, D. & Waters, G. S. Aphasic disorders of syntactic comprehension and working memory capacity[J]. *Cognitive Neuropsychology*, 1995(12): 637-649.

Caplan, D. & Waters, G. S. Verbal working memory and sentence comprehension[J]. *Behavioral and Brain Sciences*, 1999(22): 77-126.

Caplan, D., Alpert, N. & Waters, G. S. Effects of syntactic structure and propositional number on patterns of regional cerebral blood flow[J]. *Journal of Cognitive Neuroscience*, 1998(10): 541-

552.

Caplan, D. Functional neuroimaging studies of syntactic processing[J]. *Journal of Psycholinguistic Research*, 2001, *30*(3): 297-320.

Caplan, D. "Working memory and sentence comprehension" [M]// G. Hickok & S. Small. *Neurobiology of Language*. Waltham: Elsevier, 2016: 633-645.

Carpenter H. S., Morgan-Short K. & Ullman, M. T. "Predicting L2 using declarative and procedural memory assessments: A behavioral and ERP investigation" [M]// C. Sanz & R. P. Leow. *Implicit and Explicit Conditions, Processes, and Knowledge in SLA and Bilingualism*. Washington: Georgetown University Press, 2009: 13-15.

Carpenter, P. A., Just, M. A., Keller, T. A., Eddy, W. F. & Thulborn, K. R. Time course of fMRI-activation in language and spatial networks during sentence comprehension[J]. *NueroImage*, 1999(10): 216-224.

Chauncey, K., Grainger, J. & Holcomb, P. J. Code-switching effects in bilingual word recognition: A masked priming study with event-related potentials[J]. *Brain and Language*, 2008, *105*(3): 161-174.

Chee, M. W., Caplan, D., Soon, C. S., Sriram, N., Tan, E., Thiel, T. & Weekes, B. Processing of visually presented sentences in Mandarin and English studied with fMRI[J]. *Neuron*, 1999a(23): 127-137.

Chee, M., Tan, E. & Thiel, T. Mandarin and English single word processing studied with functional magnetic resonance imaging[J]. *Journal of Neuroscience*, 1999b, *19*(8): 3050-3056.

Chee, M., Soon, C. & Lee, H. Common and segregated neuronal networks for different languages revealed using functional magnetic resonance adaptation[J]. *Journal of Cognitive Neuroscience*, 2003, *15*(1): 85-97.

Chee, M., Weekes, B., Lee, K., Soon, C., Schreiber, A., Hoon, J. & Chee, M. Overlap and dissociation of semantic processing of Chinese characters, English words and pictures: evidence from fMRI[J]. *NeuroImage*, 2000(12): 392-403.

Chomsky, N. *Aspects of the Theory of Syntax*[M]. Cambridge, Massachusetts: MIT Press,1965.

Clahsen, H. & Felser, C. How native-like is non-native language processing? [J]. *Trends in Cognitive Sciences*, 2006(10): 564-570.

Clahsen, H., Felser, C. Some notes on the shallow structure hypothesis[J]. *Studies in Second Language Acquisition*, 2017(1): 1-14.

Clariana, R. B., Rysavy, M. D. & Taricani, E. M. Text signals influence team artifacts[J]. *Educational Technology Research & Development*, 2015(63): 35-52.

Collins, A. M. & Loftus, E. F. A spreading-activation theory of semantic processing[J]. *Psychological Review*, 1975, *82*(6): 407-428.

Collins, A. M. & Quillian, M. R. Retrieval time from semantic memory[J]. *Journal of Verbal Learning and Verbal Behavior*, 1969, *8*(2): 240-247.

Conway, A. R. A. & Engle, R. W. Working memory and retrieval: A resource-dependent inhibition model[J]. *Journal of Experimental Psychology: General*, 1994(123): 354-373.

Conway, A. R. A., Jarrold, C., Kane, M. J., Miyake, A. & Towse, J. N. *Variation in Working Memory*[M]. New York: Oxford University Press, 2007.

Cook, V. "The consequences of bilingualism for cognitive processing" [M]// A. De Groot & J. F. Kroll. *Tutorials in Bilingualism: Psycholinguistic Perspectives*. Mahwah: Lawrence Erlbaum Associates, 1997: 279-300.

Coulson S., Federmeier K. D. & Kutas, M. Right hemisphere sensitivity to word and sentence-level context: evidence from event-related brain potentials[J]. *Cognition*, 2005(31): 129-147.

Coulson, S., King, J. W. & Kutas, M. Expect the unexpected: Event-related brain response to morphosyntactic violations[J]. *Language and Cognitive Processes*, 1998(13): 21-58.

Courtney, S. M., Petit, L., Maisog, J. M., Ungerleider, L. G. & Haxby, J. V. An area specialized for spatial working memory in human frontal cortex[J]. *Science*, 1998(279): 1347-1351.

Courtney, S. M., Ungerleider, L. G., Keil, K. & Haxby, J. V. Object and spatial working memory activate separate neural system in human cortex[J]. *Cerebral Cortex*, 1996(6): 39-49.

Cowan, N. Evolving conceptions of memory storage, selective attention, and their mutual constraints within the human information processing system[J]. *Psychological Bulletin*, 1988(104): 163-191.

Cowan, N. *Attention and Memory: An Integrated Framework* (Oxford Psychology Series, No. 26) [M]. New York: Oxford University Press, 1995.

Cowan, N. "An embedded-processes model of working memory" [M]// A. Miyake & P. Shah. *Models of Working Memory: Mechanisms of Active Maintenance and Executive Control*. Cambridge: Cambridge University Press, 1999: 62-101.

Cowan, N. The magical number 4 in short-term memory: A reconsideration of mental storage capacity[J]. *Behavioral and Brain Sciences*, 2001(24): 87-185.

Cowan, N. *Working Memory Capacity*[M]. Hove: Psychology Press, 2005.

Cowan, N. The focus of attention as observed in visual working memory tasks: making sense of competing claims[J]. *Neuropsychologia*, 2011(49): 1401-1406.

Cowan, N., Elliott, E. M., Saults, J. S., Morey, C. C., Mattox, S. & Hismjatullina, A., et al. On the capacity of attention: its estimation and its role in WM and cognitive aptitudes[J]. *Cognitive Psychology*, 2005(51): 42-100.

D'Esposito, M., Postle, B. R., Ballard, D. & Lease, J. Maintenance versus manipulation of information held in working memory: An event-related fMRI study[J]. *Brain and Cognition*, 1999(41): 66-86.

D'Arcy, R., Service, E., Connolly, J. & Hawco, C. The influence of increased working memory load on semantic neural systems: a high-resolution event-related brain potential study[J]. *Cognitive Brain Research*, 2005(22): 177-191.

D'Arcy, R. C. N., Connolly, J. F., Service, E., Hawco, C. & Houlihan, M. Separating phonological and semantic processing in auditory sentence processing: a high-resolution event-related brain potential study[J]. *Human Brain Mapping*, 2004(22): 22-51.

Daneman, M. & Merikle, P. M. Working memory and language comprehension: A meta-analysis [J]. *Psychonomic Bulletin and Review*, 1996(3): 422-433.

Daneman, M. & Carpenter, P. A. Individual differences in working memory and reading[J]. *Journal of Verbal Learning and Verbal Behavior*, 1980(19): 450-466.

Daneman, M. & Hannon, B. "What do working memory span tasks like reading span really measure?" [M]// N. Osaka, R. H. Logie & M. D'Esposito. *The Cognitive Neuroscience of Working Memory*. New York: Oxford, 2007: 21-42.

Dapretto, M. & Bookheimer, S. Y. Form and content: Dissociating syntax and semantics in sentence comprehension[J]. *Neuron*, 1999(24): 427-432.

Davidson, D. J. & Indefrey, P. An inverse relation between event-related and time-frequency violation responses in sentence processing[J]. *Brain Research*, 2007(1158): 81-92.

Deacon, D., Dynowska, A., Ritter, W. & Grose-Fifer, J. Repetition and semantic priming of nonwords: Implications for theories of N400 and word recognition[J]. *Psychophysiology*, 2004(41): 60-74.

Debruille, J., Pineda, J. & Renault, B. N400-like potentials elicited by faces and knowledge inhibition[J]. *Cognitive Brain Research*, 1996(4): 133-144.

Dehaene, S., Dupoux, E., Mehler, J., Cohen, L., Paulesu, E., Perani, D., van de, M. O. P., Lehericy, S. & Le Bihan, D. Anatomical variability in the cortical representation of first and second language[J]. *Neuroreport*, 1997(8): 3809-3815.

DeKeyser, R. M. "Implicit and explicit learning" [M]// C. Doughty & M. H. Long. *The Handbook of Second Language Acquisition*. Malden: Blackwell, 2003: 313-347.

DeKeyser, R. M. What makes learning second-language grammar difficult? A review of issues[J]. *Language Learning(supplement)*, 2005, *55*(1): 1-25.

DeLong, K. A., Quante, L. & Kutas, M. Predictability, plausibility, and two late ERP positivities during written sentence comprehension. *Neuropsychologia*, 2014(61): 150-162.

DeLong K. A., Urbach T. P. & Kutas, M. Probabilistic word pre-activation during language comprehension inferred from electrical brain activity[J]. *Nature Neuroscience*, 2005, *8*(8): 1117-1121.

Desai, R., Conant, L. L.,Waldron, E. & Binder, J. R. FMRI of past tense processing: the effects of phonological complexity and task difficulty[J]. *Journal of Cognitive Neuroscience*, 2006(18): 278-297.

D' Esposito, M., Detre, J. A., Alsop, D. C., Shin, R. K., Atlas, S. & Grossman, M. The neural basis of the central executive system of working memory[J]. *Nature*, 1995(378): 279-281.

Deutsch, A. & Bentin, S. Syntactic and semantic factors in processing gender agreement in

Hebrew: evidence from ERPs and eye movements[J]. *Journal of Memory and Language*, 2001(45): 200-224.

Dijkstra, T. "Bilingual visual word recognition and lexical access" [M]// J. F. Kroll & A. M. B. De Groot. *Handbook of Bilingualism: Psycholinguistic Approaches*. New York: Oxford University Press, 2005: 179-201.

Ding, N., Melloni, L., Zhang, H., Tian, X. & Poeppel, D. Cortical tracking of hierarchical linguistic structures in connected speech[J]. *Nature Neuroscience*, 2016(19): 158-164.

Ditman T., Holcomb P. J. & Kuperberg, G. R. The contributions of lexico-semantic and discourse information to the resolution of ambiguous categorical anaphors[J]. *Language and Cognitive Processes*, 2007(22): 793-827.

Dronkers, N., Wilkins, D., van Valin, R., Redfern, B. & Jaeger, J. Lesion analysis of the brain areas involved in language comprehension[J]. *Cognition*, 2004(92): 145-177.

Dube, S., Kung, C., Peter, V., Brock, J. & Demuth, K. Effects of Type of Agreement Violation and Utterance Position on the Auditory Processing of Subject-Verb Agreement: An ERP Study[J]. *Frontiers in Psychology*, 2016, *1276*(7): 1-18.

Dussias, P. E. Uses of eye-tracking data in second language sentence processing research[J]. *Annual Review of Applied Linguistics*, 2010(30): 149-166.

Dussias, P. E. & Piñar, P. Effects of reading span and plausibility in the reanalysis of wh-gaps by Chinese-English second language speakers[J]. *Second Language Research*, 2010(26): 443-472.

Duyck, W. & De Houwer, J. Semantic access in second-language visual word processing: Evidence from the semantic Simon paradigm[J]. *Psychonomic Bulletin & Review*, 2008(15): 961-966.

Egeth, H. E. & Yantis, S. Visual attention: Control, representation, and time course[J]. *Annual Review of Psychology*, 1997, *48*(1): 269-297.

Elston-Guettler, K. E., Paulmann, S. & Kotz, S. A. Who's in control? Proficiency and L1 Influence on L2 processing[J]. *Journal of Cognitive Neuroscience*, 2005(17): 1593-1610.

Embick, D., Marantz, A., Miyashita, Y., O'Neil, W. & Sakai, K. A syntactic specialization for Broca's areas[C]. *Proceedings of the National Academy of Sciences of the United States of America*, 2000(97): 6150-6154.

Engle, R. W. & Kane, M. J. "Executive attention, working memory capacity, and a two-factor theory of cognitive control" [M]// B. H. Ross. *The Psychology of Learning and Motivation (Volume 44)*. New York: Academic Press, 2004: 145-199.

Engle, R. W., Kane, M. J. & Tuholski, S. W. "Individual differences in working memory capacity and what they tell us about controlled attention, general fluid intelligence, and functions of the prefrontal cortex" [M]// A. Miyake & P. Shah. *Models of Working Memory*. Cambridge: Cambridge University Press, 1999a: 102-134.

Engle, R. W., Tuholski, S. W., Laughlin, J. E . & Conway, A. R. A. Working memory, short-term memory, and general fluid intelligence: A latent-variable approach[J]. *Journal of Experimental*

Psychology: General, 1999b(136): 309-331.

Ericsson, K. A. Memory skill[J]. *Canadian Journal of Psychology*, 1985(39): 188-231.

Fabbro, F. "The neurolinguistics of L2 users" [M]// V. J. Cook. *Portraits of the L2 User*. Ontario: Multilingual Matters, 2002: 199-218.

Faretta-Stutenberg, Mandy & Morgan-Short, Kara. The interplay of individual differences and context of learning in behavioral and neurocognitive second language development [J]. *Second Language Research*, 2018, *34*(1): 67-101.

Federmeier, K. D. & Kutas, M. A rose by any other name: long-term memory structure and sentence processing[J]. *Journal of Memory and Language*, 1999(41): 469-495.

Federmeier, K. D. Thinking ahead: The role and roots of prediction in language comprehension[J]. *Psychophysiology*, 2007, *44*(4): 491-505.

Federmeier, K. D., McLennan, D. B., De Ochoa, E. & Kutas, M. The impact of semantic memory organization and sentence context information on spoken language processing by younger and older adults: An ERP study[J]. *Psychophysiology*, 2002(39): 133-146.

Fedorenko, E., Gibson, E. & Rohde, D. The nature of working memory in linguistic, arithmetic and spatial integration processes[J]. *Journal of Memory and Language*, 2007(56): 246-269.

Felser, C. & Roberts, L. Processing wh-dependencies in a second language: A cross-modal priming study[J]. *Second Language Research*, 2007, *23*(1): 9-36.

Felser, C. et al. The processing of ambiguous sentences by first and second language learners of English[J]. *Applied Psycholinguistics*, 2003(24): 453-489.

Ferreira, F. et al. Good enough representations in language comprehension[J]. *Current Directions in Psychological Science*, 2002(11): 11-15.

Ferreira, F. The misinterpretation of noncanonical sentences[J]. *Cognitive Psychology*, 2003(47): 164-203.

Ferretti, T. R., McRae, K & Hatherell, A. Integrating verbs, situation schemas, and thematic role concepts[J]. *Journal of Memory and Language*, 2001(44): 516-547.

Ferretti, T. R., Kutas, M. & McRae, K. Verb aspect and the activation of event knowledge[J]. *Cognition*, 2007(33): 182-196.

Fiebach, C. J., Schlesewsky, M. & Friederici, A. D. Syntactic working memory and the establishment of filler-gap dependencies: insights from ERPs and fMRI. *Journal of Psycholinguistic Research*, 2001, *30*(3): 321-338.

Fiebach, C. J., Schlesewsky, M. & Friederici, A. D. Separating syntactic memory costs and syntactic integration costs during parsing: The processing of German WH-questions[J]. *Journal of Memory and Language*, 2002, *47*(2): 250-272.

Fiebach, C. J., Schlesewsky, M., Lohmann, G., Von Cramon, D. Y. & Friederici, A. D. Revisiting the role of Broca's area in sentence processing: syntactic integration vs. syntactic working memory[J]. *Human Brain Mapping*, 2004(24): 79-91.

Fischler, I., Bloom, P., Childers, D., Roucos, S. & Perry, N. Brain potentials related to stages of sentence verification[J]. *Psychophysiology*, 1983(20): 400-409.

Frazier, L. "Sentence processing: A tutorial review" [M]// M. Coltheart. *Attention and Performance: XII. The Psychology of Reading*. Hillsdale: Erlbaum, 1987: 559-586.

Foss, D. J. & Ross, J. R.. "Great expectations: Context effects during sentence processing" [M]// G. B. Flores, D'Arcais, R. J. Jarvella. *The Process of Language Understanding*. Chichester: Wiley, 1983: 169-191.

Foucart, A. & Frenck-Mestre, C. Grammatical gender processing in L2: electrophysiological evidence of the effect of L1-L2 syntactic similarity[J]. *Bilingualism: Language and Cognition*, 2011(14): 379-399.

Frege, G. Uber Sinn und Bedeutung[J]. *Zeitschrift für Philosophie und Philosophische Kritik*, 1892(100): 25-50.

Frenzel, S., Schlesewsky, M. & Bornkessel-Schlesewsky, I. Conflicts in language processing: a new perspective on the N400-P600 distinction[J]. *Neuropsychologia*, 2011(49): 574-579.

Friederici, A. D. & Frisch, S. Verb argument structure processing: the role of verb-specific and argumentspecific information[J]. *Journal of Memory and Language*, 2000(43): 476-507.

Friederici, A. D., Meyer, M. & Von Cramon, D. Y. Auditory language comprehension: an event-related fMRI study on the processing of syntactic and lexical information[J]. *Brain and Language*, 2000(74): 289-300.

Friederici, A. D., Ru schemeyer, S. A., Hahne, A. & Fiebach, C. J. The role of left inferior frontal and superior temporal cortex in sentence comprehension[J]. *Cerebral Cortex*, 2003(13): 170-177.

Friederici, A. D. The brain basis of language processing: from structure to function[J]. *Physiological Reviews*, 2011(91): 1357-1392.

Friederici, A. D., Mecklinger, A., Spencer, K. M., Steinhauer, K. & Donchin, E. Syntactic parsing preferences and their on-line revisions: A spatio-temporal analysis of event-related brain potentials[J]. *Cognitive Brain Research*, 2001(11): 305-323.

Friederici, A. & Kotz, S. A. The brain basis of syntactic processes: functional imaging and lesion studies[J]. *NeuroImage*, 2003(20): S8-S17.

Friederici, A. D. Towards a neural basis of auditory sentence processing[J]. *Trends in Cognitive Sciences*, 2002, 6(2): 78-84.

Friederici, A. D. The cortical language circuit: from auditory perception to sentence comprehension[J]. *Trends in Cognitive Sciences*, 2012(16): 262-268.

Friederici, A. D., Pfeifer, E. & Hahne, A. Event-related brain potentials during natural speech processing: effects of semantic, morphological and syntactic violations[J]. *Cognitive Brain Research*, 1993(1): 183-192.

Friederici, A. D., Steinhauer, K., Mecklinger, A. & Meyer, M. Working memory constraints on syntactic ambiguity resolution as revealed by electrical brain responses[J]. *Biological Psychology*, 1998(47): 193-221.

Friederici, A. D., Steinhauer, K. & Pfeifer, E. *Brain Signatures of Artificial Language Processing: Evidence Challenging the Critical Period Hypothesis*[C]. Proceedings of the National Academy of Sciences of the United States of America, 2002, *99*(1): 529-534.

Friederici, A. D., Fiebach, C. J., Schlesewsky, M., Bornkessel, I. D. & Von Cramon, D. Y. Processing linguistic complexity and grammaticality in the left frontal cortex[J]. *Cerebral Cortex*, 2006, *16*(12): 1709-1717.

Gallagher, M. "The amygdala and associative learning" [M]// J. P. Aggleton. *The Amygdala: A Functional Analysis (2nd ed.)*. Oxford, England: Oxford University Press, 2000: 311-330.

Gathercole, S. E., Service, E., Hitch, G. J., Adams, A. M. & Martin, A. J. Phonological shortterm memory and vocabulary development: Further evidence on the nature of the relationship[J]. *Applied Cognitive Psychology*, 1999(13): 65-77.

Gernsbacher, M. A. & Faust, M. "The role of suppression in sentence comprehension" [M]// G. B. Simpson. *Understanding Word and Sentence*. New York: Elsevier, 1991: 97-128..

Gerrig, R. J. & McKoon, G. The readiness is all: The functionality of memory-based text processing[J]. *Discourse Processes*, 1998, *26*(2-3): 67-86.

Ghitza, O. Acoustic-driven delta rhythms as prosodic markers[J]. *Language, Cognition and Neuroscience*, 2016(11): 1-17.

Gilchrist, A. L. How should we measure chunks? A continuing issue in chunking research and a way forward[J]. *Frontiers in Psychology*, 2015(6): 1-4.

Gillon Dowens, M., Guo, T., Guo, J., Barber, H. & Carreiras, M. Gender and number processing in Chinese learners of Spanish–Evidence from Event Related Potentials[J]. *Neuropsychologia*, 2011, *49*(7): 1651-1659.

Glaser, Y. G., Martin, R. C., van Dyke, J. A., Hamilton, A. C. & Tan, Y. Neural basis of semantic and syntactic interference in sentence comprehension[J]. *Brain and Language*, 2013(126): 314-326.

Goad, H. & White, L. "Ultimate attainment of L2 inflection: effects of L1 prosodic structure" [M]// S. Foster-Cohen, M. Sharwood Smith, A. Sorace & M. Ota. *EUROSLA Yearbook 4*. Amsterdam: John Benjamins, 2004: 119-145.

Goad, H. & White, L. Ultimate attainment in interlanguage grammars: a prosodic approach[J]. *Second Language Research*, 2006(22): 243-268.

Golestani, N. et al. Syntax production in bilinguals[J]. *Neuropsychologia*, 2006(44): 1029-1040.

Gouvea, A. C., Phillips, C., Kazanina, N. & Poeppel, D. The linguistic processes underlying the P600[J]. *Language and Cognitive Processes*, 2010(25): 149-188.

Grant, A., Fang, S. & Li, P. Second language lexical development and cognitive control: A longitudinal fMRI study[J]. *Brain and Language*, 2015(144): 35-47.

Green, D. W. Mental control of the bilingual lexico-semantic system[J]. *Bilingualism: Language and Cognition*, 1998(1): 67-81.

Green, D. W. "The neural basis of the lexicon and the grammar in L2 acquisition" [M]// R. van Hout, A. Hulk, F. Kuiken & R. Towell. *The Interface Between Syntax and the Lexicon in Second Language Acquisition*. Amsterdam: John Benjamins, 2003: 22-49.

Grey, S. & van Hell, J. G. Foreign-accented speaker identity affects neural correlates of sentence comprehension[J]. *Journal of Neurolinguistics*, 2017(42): 93-108.

Grey, S., Tanner, D. & van Hell, J. G. How right is left? Handedness modulates neural responses during morphosyntactic processing[J]. *Brain Research*, 2017(1669): 27-43.

Grey, S., Schubel, L., Mcqueen, J. M. & van Hell, J. G. Processing foreign-accented speech in a second language: Evidence from ERPs during sentence comprehension in bilinguals[J]. *Bilingualism: Language and Cognition*, 2018, 5(22): 1-18.

Gunter, T. C., Friederici, A. D. & Schriefers, H. Syntactic gender and semantic expectancy: ERPs reveal early autonomy and late interaction[J]. *Journal of Cognitive Neuroscience*, 2000(12): 556-568.

Gunter, T. C., Wagner, S. & Friederici, A. D. Working Memory and Lexical Ambiguity Resolution as Revealed by ERPs: A Difficult Case for Activation Theories. *Journal of Cognitive Neuroscience*, 2003, 15(5): 643-657.

Gupta, P. "Word learning as the confluence of memory mechanisms: Computational and neural evidence" [M]// M. Faust. *The Handbook of the Neuropsychology of Language*. New York: Wiley-Blackwell, 2011: 30-45.

Hagoort, P. The fractionation of spoken language understanding by measuring electrical and magnetic brain signals[J]. *Philosophical Transactions of the Royal Society B: Biological Sciences*, 2008, 363(1493): 1055-1069.

Hagoort, P. & Brown, C. M. ERP effects of listening to speech compared to reading: The P600/SPS to syntactic violations in spoken sentences and rapid serial visual presentation[J]. *Neuropsychologia*, 2000(38): 1531-1549.

Hagoort, P., Baggio, G. & Willems, R. M. "Semantic unification" [M]// M. S. Gazzaniga. *The Cognitive Neurosciences (4th ed.)*. Boston: MIT Press, 2009: 819-836.

Hagoort, P., Brown, C. M. & Osterhout, L. "The neurocognition of syntactic processing" [M]// C. M. Brown & P. Hagoort. *Neurocognition of Language*. Oxford: Oxford University Press, 1999: 273-316.

Hagoort, P., Brown, C. & Groothusen, J. The syntactic positive shift (SPS) as an ERP-measure of syntactic processing[J]. *Language and Cognitive Processes*, 1993(8): 439-483.

Hagoort, P., Hald, L., Bastiaansen, M. & Petersson, K. M. Integration of word meaning and world knowledge in language comprehension[J]. *Science*, 2004(304): 438-441.

Hagoort, P. & Berkum, Jos van. Beyond the sentence given[J]. *Philosophical Transactions of the*

Royal Society B, 2007(362): 801-811.

Hagoort, P., Wassenaar, M. & Brown, C. Syntax-related ERP-effects in Dutch[J]. *Cognitive Brain Research*, 2003(16): 38-50.

Hahne, A. What's different in second-language processing? Evidence from event-related brain potentials[J]. *Journal of Psycholinguistic Research*, 2001(30): 251-266.

Hahne, A. & Friederici, A. D. Eletrophysiological evidence for two steps in syntactic analysis: Early automatic and late controlled processes[J]. *Journal of Cognitive Neuroscience*, 1999, *11*(2): 194-205.

Hahne, A. & Friederici, A. D. Differential task effects on semantic and syntactic processes as revealed by ERPs[J]. *Cognitive Brain Research*, 2002(13): 339-356.

Hahne, A., Mueller, J. L. & Clahsen, H. Morphological processing in a second language: behavioral and event-related brain potential evidence for storage and decomposition[J]. *Journal of Cognitive Neuroscience*, 2006, *18*(1): 121-134.

Hald, L. A., Bastiaansen, M. C. M. & Hagoort, P. EEG Theta and Gamma responses to semantic violations in online sentence processing[J]. *Brain and Language*, 2006(96): 90-105.

Hamilton, A. C. & Martin, R. C. Dissociations among tasks involving inhibition: a single-case study[J]. *Cognitive, Affective, & Behavioral Neuroscience*, 2005(5): 1-13.

Hamilton, A. C. & Martin, R. C. Proactive interference in a semantic short-term memory deficit: role of semantic and phonological relatedness[J]. *Cortex*, 2007(43): 112-123.

Hamilton, A. C., Martin, R. C. & Burton, P. C. Converging functional magnetic resonance imaging evidence for a role of the left inferior frontal lobe in semantic retention during language comprehension[J]. *Cognitive Neuropsychology*, 2009(26): 685-704.

Hamrick, P. Declarative and procedural memory abilities as individual differences in incidental language learning[J]. *Learning and Individual Differences*, 2015(44): 9-15.

Handy, Todd C. *Event-Related Potentials: A Methods Handbook*[M]. Cambridge: MIT Press, 2005.

Hansimayr, S., Staudigl, T. & Fellner, M. C. Oscillatory power decreases and long-term memory: the information via desynchronization hypothesis[J]. *Frontiers in Human Neuroscience*, 2012, *74*(6): 1-12.

Hanslnayr, S., Staresina, B. P. & Bowman, H. Oscillations and episodic memory: addressing the synchronization/desynchronization conundrum[J]. *Trends in Neurosciences*, 2016, *39*(1): 16-25.

Hasegawa, M., Carpenter, P. & Just, M. An fMRI study of bilingual sentence comprehension and workload[J]. *NeuroImage*, 2002(15): 647-660.

Herculano-Houzel, S. The human brain in numbers: a linearly scaled-up primate brain[J]. *Frontiers in Human Neuroscience*, 2009, *3*(31): 1-11.

Hernandez, A. E., Martinez, A. & Kohnert, K. In search of the language switch: An fMRI study of picture naming in Spanish-English bilinguals[J]. *Brain and Language*, 2000(73): 421-431.

Hernandez, A. E. & Li, P. Age of acquisition: Its neural and computational mechanisms[J].

Psychological Bulletin, 2007(133): 638-650.

Hernandez, A. E. & Meschyan, G. Executive function is necessary to enhance lexical processing in a less proficient L2: Evidence from fMRI during picture naming[J]. *Bilingualism: Language and Cognition*, 2006(9): 177-188.

Hernandez, A. E., Hofmann, J. & Kotz, S. A. Age of acquisition modulates neural activity for both regular and irregular syntactic functions[J]. *NeuroImage*, 2007(36): 912-923.

Hernandez, A., Li, P. & MacWhinney, B. The emergence of competing modules in bilingualism[J]. *Trends in Cognitive Sciences*, 2005, *9*(5): 220-225.

Higby, E. et al. Multilingualism and the brain[J]. *Annual Review of Applied Linguistics*, 2013(33): 68-101.

Hitch, G. J. & Baddeley, A. D. Verbal reasoning and working memory[J]. *Quarterly Journal of Experimental Psychology*, 1976(28): 603-621.

Hoeks, J. C. J., Stowe, L. A. & Doedens, G. Seeing words in context: The interaction of lexical and sentence level information during reading[J]. *Cognitive Brain Research*, 2004(19): 59-73.

Hoeks, J. C. J. & Brouwer, H. "Electrophysiological Research on Conversation and Discourse Processing" [M]// *The Oxford Handbook of Language and Social Psychology*. Oxford: Oxford University Press, 2014: 1-43.

Honey, G. D., Bullmore, E. T. & Sharma, T. Prolonged reaction time to a verbal working memory task predicts increased power of posterior parietal cortical activation[J]. *NeuroImage*, 2000(12): 495-503.

Hopp, H. Grammatical gender in adult L2 acquisition: Relations between lexical and syntactic variability[J]. *Second Language Research*, 2013(29): 33-56.

Hsu, N. S. & Novick, J. M. Dynamic engagement of cognitive control modulates recovery from misinterpretation during real-time language processing[J]. *Psychological Science*, 2016(27): 572-582.

Huettig, F. & Mani, N. Is prediction necessary to understand language? Probably not[J]. *Language, Cognition and Neuroscience*, 2016, *31*(1): 19-31.

Hummel, K. M. Aptitude, phonological memory, and second language proficiency in nonnovice adult learners[J]. *Applied Psycholinguistics*, 2009(30): 225-249.

Indefrey, P. A meta-analysis of hemodynamic studies on first and second language processing: Which suggested differences can we trust and what do they mean?[J] *Language Learning*, 2006(56): 279-304.

Jackendoff, R. *Foundations of Language: Brain, Meaning, Grammar, Evolution*[M]. Oxford: Oxford University Press, 2002.

Jensen, O. & Mazaheri, A. Shaping functional architecture by oscillatory alpha activity: gating by inhibition[J]. *Frontiers in Human Neuroscience*, 2010(4): 186.

Jiang, Y. C., Jong, S. Y., Tse, C. S. & Chai, C. S. Examining the effect of semantic relatedness on the acquisition of English collocations[J]. *Journal of Psycholinguistic Research*, 2020, *49*(2): 199-222.

Jonides, J., Lewis, R. L., Nee, D. E., Lustig, C. A., Berman, M. G. & Moore, K. S. The mind and brain of short-term memory[J]. *Annual Review of Psychology*, 2008(59): 193-224.

Juffs, A. & Harrington, M. Aspects of working memory in L2 learning[J]. *Language Teaching*, 2011(44): 137-166.

Just, M. A. & Carpenter, P. A. A capacity theory of comprehension: Individual differences in working memory[J]. *Psychological Review*, 1992(99): 122-149.

Just, M. A., Carpenter, P. A. & Keller, Timothy. The capacity theory of comprehension: new frontiers of evidence and arguments[J]. *The Psychological Review*, 1996(103): 773-780.

Kaan, E., Harris, A., Gibson, E. & Holcomb, P. The P600 as an index of syntactic integration difficulty[J]. *Language and Cognitive Processes*, 2000(15): 159-201.

Kane, M. J. & Engle, R. W. Working-memory capacity, proactive interference, and divided attention: Limits on long-term memory retrieval[J]. *Journal of Experimental Psychology: Learning, Memory, and Cognition*, 2000(26): 336-358.

Kane, M. J. & Engle, R. W. The role of prefrontal cortex in working-memory capacity, executive attention, and general fluid intelligence: An individual-differences perspective[J]. *Psychonomic Bulletin & Review*, 2002(9): 637-671.

Kiehl, K., Laurens, K. & Liddle, P. Reading anomalous sentences: an event-related fMRI study of semantic processing[J]. *NeuroImage*, 2002(17): 842-850.

Kielar, A., Meltzer, J. A., Moreno, S., Alain, C. & Bialystok, E. Oscillatory responses to semantic and syntactic violations[J]. *Journal of Cognitive Neuroscience*, 2014(26): 2840-2862.

Kielar, A., Panamsky, L., Links, K. A. & Meltzer, J. A. Localization of electrophysiological responses to semantic and syntactic anomalies in language comprehension with MEG[J]. *NeuroImage*, 2015(105): 507-524.

Kim, A. E. & Osterhout, L. The independence of combinatory semantic processing: evidence from event-related potentials[J]. *Journal of Memory and Language*, 2005(52): 205-225.

Kim, A., Oines, L. & Miyake, A. Individual differences in verbal working memory underlie a tradeoff between semantic and structural processing difficulty during language comprehension: an ERP investigation[J]. *Journal of Experimental Psychology: Learning, Memory, and Cognition*, 2018(44): 406-420.

Kim, K. H., Relkin, N. R., Lee, K. M. & Hirsch, J. Distinct cortical areas associated with native and second languages[J]. *Nature*, 1997(388): 171-174.

King, J. W. & Kutas, M. Who did what and when? Using word and clause-level ERPs to monitor working memory usage in reading[J]. *Journal of Cognitive Neuroscience*, 1995, *7*(3): 376-395.

Kintsch, W. Information accretion and reduction in text processing: Inferences[J]. *Discourse Processes*, 1993(16): 193-202.

Kintsch, W. & van Dijk, T. A. Toward a model of text comprehension and production[J]. *Psychological Review*, 1978(85): 363-394.

Klein, D. A positron emission tomography study of presurgical language mapping in a bilingual patient with a left posterior temporal cavernous angioma[J]. *Journal of Neurolinguistics*, 2003(16): 417-427.

Klein, D., Milner, B., Zatorre, R. J., Meyer, E. & Evans, A. C. The neural substrates underlying word generation: a bilingual functional imaging study[C]. *Proceedings of the National Academy of Sciences of the United States of America*, 1995(92): 2899-2903.

Klimesch, W., Sauseng, P. & Hanslmayr, S. EEG alpha oscillations: the inhibition-timing hypothesis[J]. *Brain Research Reviews*, 2007, *53*(1): 63-88.

Knowlton, B. J. & Moody, T. D. "Procedural learning in humans" [M]// J. Byrnes. *Learning and Memory: A Comprehensive Reference, Vol. 3: Memory Systems*. Oxford: Elsevier, 2008: 321-340.

Koechlin, E. & Jubault, T. Broca's area and the hierarchical organization of human behavior[J]. *Neuron*, 2006(50): 963-974.

Kolk, H. H. J., Chwilla, D. J., van Herten, M. & Oor, P. J. W. Structure and limited capacity in verbal working memory: A study with event-related potentials[J]. *Brain and Language*, 2003(85): 1-36.

Kolk, H. & Chwilla, D. Late positivities in unusual situations[J]. *Brain and Language*, 2007, *100*(3): 257-261.

Kroll, J. F. & Stewart, E. Category interference in translation and picture naming: Evidence for asymmetric connections between bilingual memory representations[J]. *Journal of Language and Memory*, 1994(33): 149-174.

Kuperberg, G. R., Sitnikova, T., Caplan, D. & Holcomb, P. J. Electrophysiological distinctions in processing conceptual relationships within simple sentences[J]. *Cognitive Brain Research*, 2003(17): 117-129.

Kuperberg, G. R., Kreher, D. A., Sitnikova, T., Caplan, D. N. & Holcomb, P. J. The role of animacy and thematic relationships in processing active English sentences: evidence from event-related potentials[J]. *Brain and Language*, 2007(100): 223-237.

Kuperberg G. R. Neural mechanisms of language comprehension: Challenges to syntax[J]. *Brain Research, Special Issue*, 2007(1146): 23-49.

Kuperberg, G. R., Caplan, D., Sitnikova, T., Eddy, M. & Holcomb, P. J. Neural correlates of processing syntactic, semantic, and thematic relationships in sentences[J]. *Language and Cognitive Processes*, 2006(21): 489-530.

Kutas, M., Federmeier, K. D. & Urbach, T. "The 'negatives' and 'positives' of prediction in language" [M]// M. S. Gazzaniga. *The Cognitive Neurosciences* (5th edition). Cambridge: The MIT Press, 2014: 649-656.

Kutas, M. & Federmeier, K. D. Electrophysiology reveals semantic memory use in language comprehension[J]. *Trends in Cognitive Sciences*, 2000, *4*(12): 463-470.

Kutas, M. & Federmeier, K. D. Thirty years and counting: Finding meaning in the N400 component of the event related brain potential (ERP)[J]. *Annual Review of Psychology*, 2011, *62*(1): 621-647.

Kutas, M. & Hillyard, S. A. Reading senseless sentences: Brain potentials reflect semantic anomaly[J]. *Science*, 1980(207): 203-205.

Kutas, M. & Hillyard, S. A. Brain potentials during reading reflect word expectancy and semantic association [J]. *Nature*, 1984, *307*(5947): 161-163.

Kutas, M., Views on how the electrical activity that the brain generates reflects the functions of different language structures[J]. *Psychophysiology*, 1997, *34*(4): 383-398.

Kutas, M. & King, J. W. "The potentials for basic sentence processing: Differentiating integrative processes" [M]// I. Ikeda & J. L. McClelland. *Attention and Performance XVI*. Cambridge & London: The MIT Press, 1996.

Kutas, M., Neville, H. & Holcomb, P. A preliminary comparison of the N400 response to semantic anomalies during reading, listening and signing[J]. *Electroencephalography and Clinical Neurophysiology (Supplement)*, 1987(39): 325-330.

LaBerge, D. "Networks of attention" [M]// M. S. Gazzaniga. *The New Cognitive Neurosciences(2nd ed.)*. Cambridge: The MIT Press, 2000: 711-724.

LaBrozzi, R. M. "The role of study abroad and inhibitory control on processing redundant cues" [M]// K. Geeslin & M. Díaz-Campos. *Selected Proceedings of the 14th Hispanic Linguistics Symposium*. Somerville: Cascadilla Proceedings Project, 2012: 228-241.

Lam, N. H. L., Schoffelen, J.-M., Uddén, J., Hultén, A. & Hagoort, P. Neural activity during sentence processing as reflected in Theta, alpha, Beta, and Gamma oscillations[J]. *NeuroImage*, 2016(142): 43-54.

Lau, E. F., Phillips, C. & Poeppel, D. A cortical network for semantics: (De) constructing the N400[J]. *Nature Reviews Neuroscience*, 2008, *9*(12): 920-933.

Lau, E. F., Holcomb, P. J. & Kuperberg, G. R. Dissociating N400 effects of prediction from association in single-word contexts[J]. *Journal of Cognitive Neuroscience*, 2013, *25*(3): 484-502.

Leinonen, A., Grönholm-Nyman, P., Järvenpää, M., Söderholm, C., Lappi, O., Laine, M. & Krause, C. Neurocognitive processing of auditorily and visually presented inflected words and pseudowords: evidence from a morphologically rich language[J]. *Brain Research*, 2009(1275): 56-66.

Leon-Cabrera, P., Rodríguez-Fornells, A. & Morís, J. Electrophysiological correlates of semantic anticipation during speech comprehension[J]. *Neuropsychologia*, 2017(99): 326-334.

Leon-Cabrera, P., Flores, A., Rodríguez-Fornells, A. & Morís, J. Ahead of time: Early sentence slow cortical modulations associated to semantic prediction[J]. *NeuroImage*, 2019(189): 192-201.

Levelt, W. J. M. *Speaking: From Intention to Articulation*[M]. Cambridge: The MIT Press, 1989.

Levy, R. Expectation-based syntactic comprehension[J]. *Cognition*, 2008(106): 1126-1177.

Lewis, R. L., Vasishth, S. & van Dyke, J. A. Computational principles of working memory in sentence comprehension[J]. *Trends in Cognitive Sciences*, 2006(10): 447-454.

Lewis, A. G. & Bastiaansen, M. A predictive coding framework for rapid neural dynamics during sentence-level language comprehension[J]. *Cortex*, 2015(68): 155-168.

Li, P., Bates, E. & MacWhinney, B. Processing a language without inflections: A reaction time study of sentence interpretation in Chinese[J]. *Journal of Memory and Language*, 1993(32): 169-192.

Li, P., Legault, J. & Litcofsky, K. A. Neuroplasticity as a function of second language learning: Anatomical changes in the human brain[J]. *Cortex*, 2014(58): 301-324.

Libben, M. R. & Titone, D. A. Bilingual lexical access in context: Evidence from eye movements during reading[J]. *Journal of Experimental Psychology: Learning, Memory, and Cognition*, 2009(35): 381-390.

Linck, J. A., Osthus, P., Koeth, J. T. & Bunting, M. F. The relationship between working memory and second language comprehension and production: A meta-analysis[J]. *Psychonomic Bulletin and Review*, 2014(21): 861-883.

Litcofsky, K. A. & van Hell, J. G. Switching direction affects switching costs: Behavioral, ERP and time-frequency analyses of intra-sentential codeswitching[J]. *Neuropsychologia*, 2017(97): 112-139.

Llinas, R. & Ribary, U. *Coherent 40-Hz Oscillation Characterizes Dream State in Humans*[C]. Proceedings of the National Academy of Sciences USA, 1993, *90*(5): 2078-2081.

MacDonald, M. C., Just, M. A. & Carpenter, P. A. Working memory constraints on the processing of syntactic ambiguity[J]. *Cognitive Psychology*, 1992(24): 56-98.

MacDonald, M. C., Pearlmutter, N. J. & Seidenberg, M. S. The lexical nature of syntactic ambiguity resolution[J]. *Psychological Review*, 1994(101): 676-703.

MacDonald, M. C. & Christiansen, M. H. Reassessing working memory: Comment on Just and Carpenter(1992) and Waters and Caplan(1996)[J]. *Psychological Review*, 2002(109): 35-54.

Malchukov, A. L. Animacy and asymmetries in differential case marking[J]. *Lingua*, 2008(118): 203-221.

Marian, V., Spivey, M. & Hirsch, J. Shared and separate systems in bilingual language processing: converging evidence from eyetracking and brain imaging[J]. *Brain and Language*, 2003, *86*(1): 70-82.

Marinis, T. et al. Gaps in second language sentence processing[J]. *Studies in Second Language Acquisition*, 2005(27): 53-78.

Markus, P., Bornkessel-Schlesewsky, I., Bisang, W. & Schlesewsky, M. The role of animacy in the real time comprehension of Mandarin Chinese: Evidence from auditory event-related brain potentials[J]. *Brain and Language*, 2008(105): 112-133.

Marslen-Wilson, W. & Tyler, L. K. The temporal structure of spoken language understanding[J]. *Cognition*, 1980(8): 1-71.

Marslen-Wilson, W., Brown, C. & Tyler L. K. Lexical representations in spoken language comprehension[J]. *Language and Cognitive Processes*, 1988(3): 1-16.

Martin, K. I. & Ellis, N. C. The roles of phonological short-term memory and working memory in L2 grammar and vocabulary learning[J]. *Studies in Second Language Acquisition*, 2012(34): 379-413.

Martin, R. C. & He, T. Semantic STM and its role in sentence processing: a replication[J]. *Brain and Language*, 2004(89): 76-82.

Mason, R. A. & Just, M. A. "Neuroimaging contributions to the understanding of discourse processes" [M]// M. Traxler & M. A. Gernsbacher. *Handbook of Psycholinguistics*. Amsterdam: Elsevier, 2006: 765-799.

Mathy, F. & Feldman, J. What's magic about magic numbers? Chunking and data compression in short-term memory[J]. *Cognition*, 2012, *122*(3): 346-362.

Matsuki, K., Chow, T., Hare, M., Elman, J. L., Scheepers, C. & McRae, K. Event-based plausibility immediately influences on-line language comprehension[J]. *Journal of Experimental Psychology: Learning, Memory, and Cognition*, 2011(37): 913-934.

Matzke, M., Mai, H., Nager, W., Rüsseler, J. & Münte, T. The costs of freedom: an ERP-study of non-canonical sentences[J]. *Clinical Neurophysiology*, 2002, *113*(6): 844-852.

McCarthy, G., Puce, A., Constable, R. T., Krystal, J. H., Gore, J. C. & Goldman-Rakic, P. S. Activation of human prefrontal cortex during spatial and nonspatial working memory tasks measured by functional MRI[J]. *Cerebral Cortex*, 1996(6): 600-611.

McLaughlin, J., Tanner, D. & Pitkänen, I. et al. Brain potentials reveal discrete stages of L2 grammatical learning[J]. *Language Learning*, 2010(60): 123-150.

McRae, K., Ferretti, T. R. & Amyote, L. Thematic roles as verb-specific concepts[J]. *Language and Cognitive Processes*, 1997(12): 137-176.

Meltzer, J. A., Kielar, A., Panamsky, L., Links, K. A., Deschamps, T. & Leigh, R. C. Electrophysiological signatures of phonological and semantic maintenance in sentence repetition[J]. *NeuroImage*, 2017(156): 302-314.

Meulman, N., Wieling, M., Sprenger, S. A., Stowe, L. A. & Schmid, M. S. Age effects in L2 grammar processing as revealed by ERPs and how (not) to study them[J]. *PLoS One*, 2015, *10*(12): 1-31.

Meyer, M., Steinhauer, K., Alter, K., Friederici, A. D. & Von Cramon, D. Y. Brain activity varies with modulation of dynamic pitch variance in sentence melody[J]. *Brain and Language*,

2004(89): 277-289.

Meyer, L. The neural oscillations of speech processing and language comprehension: State of the art and emerging mechanisms[J]. *European Journal of Neuroscience*, 2017, 7(48): 2609-2621.

Meyer, L., Grigutsch, M., Schmuck, N., Gaston, P. & Friederici, A. D. Frontal-posterior Theta oscillations reflect memory retrieval during sentence comprehension[J]. *Cortex*, 2015(71): 205-218.

Meyer, L., Henry, M. J., Gaston, P., Schmuck, N. & Friederici, A. D., Linguistic bias modulates interpretation of speech via neural delta-band oscillations[J]. *Cerebral Cortex*, 2016(27): 4293-4302.

Miceli, G., Turriziani, P., Caltagirone, C., Capasso, R., Tomaiuolo, F. & Caramazza, A. The neural correlates of grammatical gender: an fMRI investigation[J]. *Journal of Cognitive Neuroscience*, 2002(14): 618-628.

Michael, E. B. & Gollan, T. H. "Being and becoming bilingual: Individual differences and consequences for language production" [M]// J. F. Kroll & A. M. B. De Groot. *Handbook of Bilingualism: Psycholinguistic Approaches*. New York: Oxford University Press, 2005: 389-408.

Miller, E. K. & Cohen, J. D. An integrative theory of prefrontal cortex function[J]. *Annual Review of Neuroscience*, 2001(24): 167-202.

Miller, G. A. The magical number seven, plus or minus two: Some limits on our capacity for processing information[J]. *Psychological Review*, 1956(63): 81-97.

Minkoff, S. "Animacy hierarchies and sentence processing" [M]// A. Carnie & E. Guilfoyle. *The Syntax of Verb Initial Languages*. Oxford: Oxford University Press, 2000: 201-212.

Miyake, A. & Shah, P. *Models of Working Memory: Mechanisms of Active Maintenance and Executive Control*[M]. New York: Cambridge University Press, 1999.

Miyake, A., Just, M. A. & Carpenter, A. Working memory constraints on the resolution of lexical ambiguity: Maintaining multiple interpretations in neutral contexts[J]. *Journal of Memory and Language*, 1994(33): 175-202.

Miyake, A., Carpenter, P. A. & Just, M. A. Reduced resources and specific impairments in normal and aphasic sentence comprehension[J]. *Cognitive Neuropsychology*, 1995(12): 651-679.

Mızrak, E. & Öztekin, I. Working memory capacity and controlled serial memory search[J]. *Cognition*, 2016(153): 52-62.

Molinaro, N., Barber, H., Caffarra, S. & Carreiras, M. On the left anterior negativity (LAN): The case of morphosyntactic agreement: a reply to Tanner et al[J]. *Cortex*, 2015(66): 156-159.

Molinaro, N., Barber, H. A. & Carreiras, M. Grammatical agreement processing in reading: ERP findings and future directions[J]. *Cortex*, 2011(47): 908-930.

Molinaro, N., Lizarazu, M., Lallier, M., Bourguignon, M. & Carreiras, M. Out-of-synchrony speech entrainment in developmental dyslexia[J]. *Human Brain Mapping*, 2016, 37(8): 2767-

2783.

Molinaro, N., Monsalve, I. F. & Lizarazu, M. Is there a common oscillatory brain mechanism for producing and predicting language?[J] *Language, Cognition and Neuroscience*, 2016(31): 145-158.

Moreno, E. M. & Kutas, M. Processing semantic anomalies in two languages: An electrophysiological exploration in both languages of Spanish-English bilinguals[J]. *Cognitive Brain Research*, 2005(22): 205-220.

Morgan-Short, K. & Tanner, D. "Event-related potentials (ERPs)" [M]// J. Jegerski & B. van Patten. *Research Methods in Second Language Psycholinguistics*. New York: Routledge, 2014: 127-152.

Morgan-Short, K., Deng, Z. & Brill-Schuetz, K. A. et al. A view of the neural representation of second language syntax through artificial language learning under implicit contexts of exposure[J]. *Studies in Second Language Acquisition*, 2015(27): 383-419.

Morgan-Short, K., Sanz, C., Steinhauer, K. & Ullman, M. T. Second language acquisition of gender agreement in explicit and implicit training conditions: An event-related potential study[J]. *Language Learning*, 2010(60): 154-193.

Morgan-Short, K., Steinhauer, K., Sanz, C. & Ullman, M. T. Explicit and implicit second language training differentially affect the achievement of native-like brain activation patterns[J]. *Journal of Cognitive Neuroscience*, 2012(24): 933-947.

Morris, R. & Folk, J. R. Focus as a contextual priming mechanism in reading[J]. *Memory & Cognition*, 1998(26): 1313-1322.

Mueller, J. Electrophysiological correlates of second language processing[J]. *Second Language Research*, 2005(21): 152-174

Mueller, J. L., Oberecker, R. & Friederici, A. D. Syntactic learning by mere exposure: An ERP study in adult learners[J]. *BMC Neuroscience*, 2009(9): 1-10.

Müller, H. M., King, J. W. & Kutas, M. Event-related potentials elicited by spoken relative clauses[J]. *Cognitive Brain Research*, 1997, 5(3): 193-203.

Münte, T. F., Schiltz, K. & Kutas, M. When temporal terms belie conceptual order[J]. *Nature*, 1998, 395(6697): 71-73.

Myles, F., Mitchell, R. & Hooper, J. Interrogative chunks in French L2: A basis for creative construction[J]. *Studies in Second Language Acquisition*, 1999, 1(21): 49-80.

Nakano, H. & Swaab, T. Y. Aphasic patients with IFG lesions are impaired in the integration of thematic information in simple unambiguous sentences[J]. *Journal of Cognitive Neuroscience (Suppl.)*, 2005(1): 227.

Nakano, H., Saron, C. & Swaab, T. Y. Speech and span: Working memory capacity impacts the use of animacy but not of world knowledge during spoken sentence comprehension[J]. *Journal of Cognitive Neurosci*ence, 2010(22): 2886-2898.

Neely, J. H., Keefe, D. E. & Ross, K. L. Semantic priming in the lexical decision task: roles of prospective prime-generated expectancies and retrospective semantic matching[J]. *Journal of Experimental Psychology: Learning Memory & Cognition*, 1989, *15*(6): 1003-1019.

Neely, J. H. Semantic priming and retrieval from lexical memory: roles of inhibitionless spreading activation and limited-capacity attention[J]. *Journal of Experimental Psychology General*, 1977(106): 226-254.

Nelson, M. J., El Karoui, I., Giber, K., Yang, X., Cohen, L., Koopman, H. & Dehaene, S. *Neurophysiological Dynamics of Phrase-Structure Building During Sentence Processing*[C]. Proceedings of the National Academy of Sciences, 2017(114): E3669-E3678.

Neubauer, K. & Clahsen, H. Decomposition of inflected words in a second language: An experimental study of German participles[J]. *Studies in Second Language Acquisition*, 2009(31): 403-435.

Neville, H., Nicol, J. L., Barss, A., Forster, K. I. & Garrett, M. F. Syntactically based sentence processing classes: evidence from eventrelated brain potentials[J]. *Journal of Cognitive Neuroscience*, 1991(3): 151-165.

Nichols, E. S. & Joanisse, M. F. Individual differences predict ERP signatures of second language learning of novel grammatical rules[J]. *Bilingualism: Language and Cognition*, 2019, *22*(1): 78-92.

Nieuwland, M. S. & Kuperberg, G. R. When the truth isn't too hard to handle: An event-related potential study on the pragmatics of negation[J]. *Psychological Science*, 2008(19): 1213-1218.

Nieuwland, M. S. & van Berkum, J. J. A. Testing the limits of the semantic illusion phenomenon: ERPs reveal temporary semantic change deafness in discourse comprehension[J]. *Cognitive Brain Research*, 2005(24): 691-701.

Nieuwland, M. S. & van Berkum, J. J. A. When peanuts fall in love: N400 evidence for the power of discourse[J]. *Journal of Cognitive Neuroscience*, 2006, *18*(7): 1098-1111.

Nigam, A., Hoffman, J. & Simons, R. N400 to semantically anomalous pictures and words[J]. *Journal of Cognitive Neuroscience*, 1992(4): 15-22.

Nobre, A. C. & McCarthy, G. Language-related field potentials in the anterior-medial temporal lobe: II. Effects of word type and semantic priming[J]. *Journal of Neuroscience*, 1995(15): 1090-1098.

Oberauer, K. & Kliegl, R. A formal model of capacity limits in working memory[J]. *Journal of Memory and Language*, 2006(55): 601-626.

O'Brien, I., Segalowitz, N., Freed, B. & Collentine, J. Phonological Memory Predicts Second Language Oral Fluency Gains in Adults[J]. *Studies in Second Language Acquisition*, 2007(29): 557-581.

Ojima, S., Nakata, H. & Kakigi, R. An ERP study on second language learning after childhood: effects of proficiency[J]. *Journal of Cognitive Neuroscience*, 2005(17): 1212-1228.

Opitz, B. & Friederici, A. Interactions with the hippocampal system and the prefrontal cortex in learning language-like rules[J]. *NeuroImage*, 2003(19): 1730-1737.

Osaka, M. & Osaka, N. "Neural bases of focusing attention in working memory" [M]// N. Osaka, R. H. Logie & M. D'Esposito. *The Cognitive Neuroscience of Working Memory*. Oxford: Oxford University Press, 2007: 99-118.

Osterhout, L, Poliakov, A. & Inoue, K. et al. Second-language learning and changes in the brain[J]. *Journal of Neurolinguistics*, 2008(21): 509-521.

Osterhout, L., Kim, A. & Kuperberg, G. R. "The neurobiology of sentence comprehension" [M]// M. Spivey, M. Joannisse & K. McCrae. *The Cambridge Handbook of Psycholinguistics*. Cambridge: Cambridge University Press, 2012: 365-389.

Osterhout, L. & Holcomb, P. Event-related brain potentialselicited by syntactic anomaly[J]. *Journal of Memory and Language*, 1992(31): 785-806.

Osterhout, L. & Mobley, L. A. Event-related brain potentials elicited by failure to agree[J]. *Journal of Memory and Language*, 1995, *34*(6): 739-773.

Osterhout, L. & Nicol, J. On the distinctiveness, independence, and time course of the brain responses to syntactic and semantic anomalies[J]. *Language and Cognitive Processes*, 1999(14): 283-317.

Osterhout, L. On the brain response to syntactic anomalies: manipulations of word position and word class reveal individual differences[J]. *Brain and Language*, 1997(59): 494-522.

Otten, M. & van Berkum, J. J. A. What makes a discourse constraining? A comparison between the effects of discourse message and priming on the N400[J]. *Brain Research*, 2007(1153): 166-177.

Owen, A. M. Tuning in to the temporal dynamics of brain activation using functional magnetic resonance imaging (fMRI)[J]. *Trends in Cognitive Sciences*, 1997, *1*(4): 123-125.

Owen, A. M. The role of the lateral prefrontal cortex in mnemonic processing: the contribution of functional imaging[J]. *Experimental Brain Research*, 2000(133): 33-43.

Öztekin, I., Davachi, L. & McElree, B. Are representations in working memory distinct from representations in long-term memory? Neural evidence in support of a single store[J]. *Psychological Science*, 2010(21): 1123-1133.

Paczynski, M. & Kuperberg, G. R. Electrophysiological evidence for use of the animacy hierarchy, but not thematic role assignment, during verb argument processing[J]. *Language and Cognitive Processes. Special Issue: The Cognitive Neuroscience of Semantic Processing*, 2011, *26*(9): 1402-1456.

Paczynski, M. & Kuperberg, G. R. Multiple influences of semantic memory on sentence processing: Distinct effects of semantic relatedness on violations of real-world event/state knowledge and animacy selection restrictions[J]. *Journal of Memory and Language*, 2012(67): 426-448.

Pakulak, E. & Neville, H. J. Proficiency differences in syntactic processing of monolingual native speakers indexed by event-related potentials. *Journal of Cognitive Neuroscience*, 2010(22): 2728-2744.

Palomäki, J., Kivikangas, M., Alafuzoff, A., Hakala, T. & Krause, C. M. Brain oscillatory 4-35 Hz EEG responses during an n-back task with complex visual stimuli[J]. *Neuroscience Letters*, 2012, *516*(1): 141-145.

Paradis, M. *Declarative and Procedural Determinants of Second Languages*[M]. Amsterdam & Philadelphia: John Benjamins, 2009.

Paradis, M. *A Neurolinguistic Theory of Bilingualism*[M]. Amsterdam & Philadelphia: John Benjamins Publishing Company, 2004.

Paradis, M. "Neurolinguistic aspects of implicit and explicit memory: implications for bilingualism" [M]// N. Ellis. *Implicit and Explicit Learning of Second Languages*. London: Academic Press, 1994: 393-419.

Park, G. Comparison of L2 listening and reading comprehension by university students learning English in Korea[J]. *Foreign Language Annals*, 2000(37): 448-458.

Paulesu, E., Frith, C. D. & Frakowiak, R. S. The neural correlates of the verbal component of working memory[J]. *Nature*, 1993(362): 342-345.

Pawley, A. & Syder, F. H. "Two puzzles for linguistic theory: Nativelike selection and nativelike fluency" [M]// J. C. Richards & R. W. Schmidt. *Language and Communication*. New York: Longman, 1983: 191-226.

Perani, D. et al. Brain mapping of native and foreign languages[J]. *Neuroreport*, 1996(7): 2439-2444.

Perani, D., Paulesu, E., Sebastian-Galles, N., Dupoux, E., Dehaene, S. & Bettinardi, V., et al. The bilingual brain: Proficiency and age of acquisition of the second language[J]. *Brain*, 1998(121): 1841-1852.

Pérez, A., Cain, K., Castellanos, M. C. & Bajo, T. Inferential revision in narrative texts: An ERP study[J]. *Memory & Cognition*, 2015(43): 1105-1135.

Peterson, L. R. & Peterson, M. J. Short-term retention of individual items[J]. *Journal of Experimental Psychology*, 1959(58): 193-198.

Petrides, M. "Specialised systems for the processing of mnemonic information within the primate frontal cortex" [M]// A. C. Roberts, T. W. Robbins & L. Weiskrantz. *The Prefrontal Cortex— Executive and Cognitive Functions*. Oxford: Oxford University Press, 1998.

Phillips, C., Kazanina, N. & Abada, S. H. ERP effects of the processing of syntactic long-distance dependencies[J]. *Cognitive Brain Research*, 2005, *22*(3): 407-428.

Piai, V., Meyer, L., Schreuder, R. & Bastiaansen, M. C. Sit down and read on: Working memory and long-term memory in particle-verb processing[J]. *Brain Lang.*, 2013, *127*(2): 296-306.

Piolat, A., Olive, T. & Kellogg, R. T. Cognitive effort during note taking[J]. *Applied Cognitive*

Psychology, 2005(19): 291-312.

Prat, C. S. & Just, M. A. Exploring the cortical dynamics underpinning individual differences in sentence comprehension[J]. *Cerebral Cortex*, 2011(21): 1747-1760.

Price, C. J., Green, D. W. & Von Studnitz, R. A functional imaging study of translation and language switching[J]. *Brain*, 1999, *122*(Pt 12): 2221-2235.

Price, C. The anatomy of language: contributions from functional neuroimaging[J]. *Journal of Anatomy*, 2000(197): 335-359.

Proverbio, A. M., Leoni, G. & Zani, A. Language switching mechanisms in simultaneous interpreters: An ERP study[J]. *Neuropsychologia*, 2004(42): 1636-1656.

Prystauka, Y. & Lewis, A. G. The power of neural oscillations to inform sentence comprehension: A linguistic perspective[J]. *Language and Linguistics Compass*, 2019(13): 1-40.

Rastelli, S. Neurolinguistics and second language teaching: A view from the crossroads[J]. *Second Language Research*, 2018, *34*(1): 103-123.

Rayner, K., Sereno, S. C., Morris, R. K., Schmauder, A. R. & Clifton, C. Eye movements and on-line language comprehension processes [J]. *Language and Cognition Processes (Special Issue)*, 1989(4): 21-49.

Révész, A. Working memory and the observed effectiveness of recasts on different L2 outcome measures[J]. *Language Learning*, 2012, *62*(1): 93-132.

Roberts, L., Alonso, J. G., Pliatsikas, C. & Rothman, J. Evidence from neurolinguistic methodologies: Can it actually inform linguistic/language acquisition theories and translate to evidence-based applications? [J]. *Second Language Research*, 2016, *34*(1): 125-143.

Röder, B., Stock, O., Neville, H., Bien, S. & Rösler, F. Brain activation modulated by the comprehension of normal and pseudo-word sentences of different processing demands: a functional magnetic resonance imaging study[J]. *NeuroImage*, 2002(15): 1003-1014.

Rodriguez-Fornells, A., De Diego Balaguer, R. & Münte, T. F. Executive control in bilingual language processing[J]. *Language Learning*, 2006(56): 133-190.

Rommers, J., Dickson, D. S., Norton, J. J. S., Wlotko, E. W. & Federmeier, K. D. Alpha and Theta band dynamics related to sentential constraint and word expectancy[J]. *Language, Cognition and Neuroscience*, 2017(32): 576-589.

Rosen, V. M. & Engle, R. W. The role of working memory capacity in retrieval[J]. *Journal of Experimental Psychology: General*, 1997(126): 211-227.

Rosenbach A. Animacy and grammatical variation—Findings from English genitive variation[J]. *Lingua*, 2008(118): 151-171.

Roux, F., Wibral, M., Mohr, H. M., Singer, W. & Uhlhaas, P. J. Gamma-band activity in human prefrontal cortex codes for the number of relevant items maintained in working memory[J]. *Journal of Neuroscience*, 2012, *32*(36): 12411-12420.

Rubin, J. A review of second language listening comprehension research[J]. *The Modern Language*

Journal, 1994, *78*(2): 199-221.

Ruchkin, D. S., Johnson, R. Jr., Grafman, J., Canoune, H. & Ritter, W. Distinctions and similarities among working memory processes: An event-related potential study[J]. *Cognitive Brain Research*, 1992(1): 53-66.

Ruschemeyer, et al. Native and non-native reading of sentences: An fMRI experiment[J]. *NeuroImage*, 2006(31): 354-365.

Ruschemeyer, S. A., Fiebach, C. J., Kemper, V. & Friederici, A. D. Processing lexical semantic and syntactic information in first and second language: fMRI evidence from German and Russian[J]. *Human Brain Mapping*, 2005(25): 266-286.

Sabourin, L. & Haverkort, M. "Neural substrates of representation and processing of a second language" [M]// van Hout, R. et al. *The Lexicon-Syntax Interface in Second Language Acquisition*. Amsterdam & Philadelphia: John Benjamins, 2003: 175-195.

Sabourin, L. & Stowe, L. A. Second language processing: when are first and second languages processed similarly? [J]. *Second Language Research*, 2008, *24*(3): 397-430.

Sachs, J. S. Recognition memory for syntactic and semantic aspects of connected discourse[J]. *Attention, Perception & Psychophysics*, 1967, *2*(9): 437-442.

Sagarra, N. & Herschensohn, J. The role of proficiency and working memory in gender and number agreement processing in L1 and L2 Spanish[J]. *Lingua*, 2010(120): 2022-2039.

Sanders, L. D. & Neville, H. J. An ERP study of continuous speech processing II: Segmentation, semantics and syntax in non-native speakers[J]. *Cognitive Brain Research*, 2003(15): 214-227.

Sanford, A. J., Leuthold, H., Bohan, J. & Sanford, A. J. S. Anomalies at the borderline of awareness: an ERP study[J]. *Journal of Cognitive Neuroscience*, 2011(23): 514-523.

Sassenhagen, J., Schlesewsky, M. & Bornkessel-Schlesewsky, I. The P600-as-P3 hypothesis revisited: Single-trial analyses reveal that the late EEG positivity following linguistically deviant material is reaction time aligned[J]. *Brain and Language*, 2014(137): 29-39.

Sauseng, P., Griesmayr, B., Freunberger, R. & Klimesch, W. Control mechanisms in working memory: a possible function of EEG Theta oscillations[J]. *Neuroscience & Biobehavioral Reviews*, 2010(34): 1015-1022.

Schacht, A., Sommer, W., Shmuilovich, O., Martienz, P. C. & Martin-Loeches, M. Differential task effects on N400 and P600 elicited by semantic and syntactic violations[J]. *PLoS ONE*, 2014, *9*(3): 1-8.

Schank, R. C. & Abelson, R. P. *Scripts, Plans, Goals and Understanding: An Inquiry into Human Knowledge Structures*[M]. Hillsdale: L. Erlbaum, 1977.

Scharinger, C., Soutschek, A., Schubert, T. & Gerjets, P. When flanker meets the n-back: what EEG and pupil dilation data reveal about the interplay between the two central-executive working memory functions inhibition and updating[J]. *Psychophysiology*, 2015(52): 1293-1304.

Schneider, J. M., Abel, A. D., Ogiela, D. A., Middleton, A. E. & Maguire, M. J. Developmental differences in Beta and Theta power during sentence processing[J]. *Developmental Cognitive Neuroscience*, 2016(19): 19-30.

Schneider, J. M. & Maguire, M. J. Identifying the relationship between oscillatory dynamics and event-related responses[J]. *International Journal of Psychophysiology*, 2018(133), 182-192.

Schoffelen, J-M., Hultén, A., Lam, N., Marquand, A. F., Uddén, J. & Hagoort, P. Frequency-specific directed interactions in the human brain network for language[J]. *Proceedings of the National Academy of Sciences*, 2017(114): 8083-8088.

Scott, S. & Johnsrude, I. The neuroanatomical and functional organization of speech production[J]. *Trends in Neurosciences*, 2003, *26*(2): 100-107.

Scott, S. & Wise, R. The functional neuroanatomy of prelexical processing in speech production[J]. *Cognition*, 2004(92): 13-45.

Sebastian, R. et al. Meta-analysis of the neural representation of first language and second language[J]. *Applied psycholinguistics*, 2011(32): 799-819.

Segaert, K., Mazaheri, A. & Hagoort, P. Binding language: structuring sentences through precisely timed oscillatory mechanisms[J]. *European Journal of Neuroscience*, 2018, *48*(7): 2651-2662.

Sereno, S. C., Rayner, K. & Posner, M. I. Establishing a timeline of word recognition: Evidence from eye movements and event-related potentials[J]. *Neuroreport: An International Journal for the Rapid Communication of Research in Neuroscience*, 1998, *9*(10): 2195-2200.

Service, E. Phonology, working memory, and foreign-language learning[J]. *Quarterly Journal of Experimental Psychology*, 1992(45A): 21-50.

Seuren, P. A. M. *Western Linguistics: a Historical Introduction*[M]. Oxford: Blackwell, 1998.

Shallice, T. "Fractionation of the supervisory system" [M]// D. T. Stuss & R. T. Knight. *Principles of Frontal Lobe Function*. New York: Oxford University Press, 2002: 261-277.

Shipstead, Z., Harrison, T. L., Trani, A. N., Redick, T. S., Sloan, P., Bunting, M. F., Hicks, K. L. & Engle, R. W. *Working Memory Capacity and Executive Functions Part 1: General Fluid Intelligence*[M]. Unpublished manuscript submitted for publication, 2013.

Shipstead, Z., Lindsey, D. R. B., Marshall, R. L. & Engle, R. W. The mechanisms of WM capacity: primary memory, secondary memory, and attention control[J]. *Journal of Memory and Language*, 2014(72): 116-141.

Smith, E. E., Jonides, J., Koeppe, R. A., Awh, E., Schumacher, E. & Minoshima, S. Spatial vs. object working memory: PET investigations[J]. *Journal of Cognitive Neuroscience*, 1995(7): 337-358

Smith, E. E., Shoben, E. J. & Rips, L. J. Structure and process in semantic memory: A featural model for semantic decisions[J]. *Psychological Review*, 1974(81): 214-241.

Smith, E. R. & DeCoster, J. Dual-process models in social and cognitive psychology: Conceptual integration and links to underlying memory systems[J]. *Personality and Social Psychology Review*, 2000(4): 108-131.

Smith, E. R. "Mental representation and memory" [M]// D. T. Gilbert & S. E. Taylor. *The Handbook of Social Psychology(4th ed., Vol. 2)*. New York: McGraw-Hill, 1998: 391-445.

Snedeker, J. & Trueswell, J. C. The developing constraints on parsing decisions: The role of lexical-biases and referential scenes in child and adult sentence processing[J]. *Cognitive Psychology*, 2004(49): 238-299.

Soares, C. & Grosjean, F. Bilinguals in a monolingual and a bilingual speech mode: the effect on lexical access[J]. *Memory & Cognition*, 1984(12): 380-386.

Sonbul, S. Fatal mistake, awful mistake, or extreme mistake? Frequency effects on off-line/on-line collocational processing[J]. *Bilingualism: Language and Cognition*, 2015, *18*(3): 419-437.

Speciale, G., Ellis, N. C. & Bywater, T. Phonological sequence learning and short-term store capacity determine second language vocabulary acquisition[J]. *Applied Psycholinguistics*, 2004(25): 293-321.

Sperber, D. & Wilson, D. *Relevance*[M]. Cambridge: Harvard University Press, 1986.

Steinhauer, K. & Connolly, J. F. "Event-related potentials in the study of language" [M]// H. Whitaker. *Concise Encyclopedia of Brain and Language*. Oxford: Elsevier, 2010: 191-203.

Steinhauer, K. & Drury, J. On the early left-anterior negativity (ELAN) in syntax studies[J]. *Brain and Language*, 2012(120): 135-162.

Steinhauer, K. Event-related potentials (ERPs) in second language research: A brief introduction to the technique, a selected review, and an invitation to reconsider critical periods in L2[J]. *Applied Linguistics*, 2014(35): 393-417.

Steinhauer, K., White, E. J. & Drury, J. E. Temporal dynamics of late second language acquisition: evidence from event-related brain potentials[J]. *Second Language Research*, 2009(25): 13-41.

Strijkers, K. & Costa, A. Riding the lexical speedway: a critical review on the time course of lexical selection in speech production[J]. *Frontiers in Psychology*, 2011(2): 365-372.

Stroud, C. & Phillips, C. Examining the evidence for an independent semantic analyzer: An ERP study in Spanish[J]. *Brain and Language*, 2012(120): 107-126.

Stroud, C. Structural and semantic selectivity in the electrophysiology of sentence comprehension[D]. College Park: University of Maryland, 2008.

Stuss, D. T. & Knight, R. T. *Principles of Frontal Lobe Function*[M]. New York: Oxford University Press, 2002.

Szewczyk, J. M. & Schriefers, H. Is animacy special? ERP correlates of semantic violations and animacy violations in sentence processing[J]. *Brain Research*, 2001(1368): 108-221.

Szewczyk, J. M. & Schriefers, H. The N400 as an index of lexical preactivation and its implications for prediction in language comprehension[J]. *Language, Cognition and Neuroscience*, 2017, *33*(6): 1-23.

Tallon-Baudry, C., Bertrand, O. & Fischer, C. Oscillatory synchrony between human extrastriate areas during visual short-term memory maintenance[J]. *Journal of Neuroscience*, 2001(21): 1-5.

Tan, L., Spinks, J., Feng, C., Siok, W., Perfetti, C., Xiong, J., Fox, P. & Gao, J. Neural systems of second language reading are shaped by native language[J]. *Human Brain Mapping*, 2003(18): 158-166.

Tanner, D. & van Hell, J. G. ERPs reveal individual differences in morphosyntactic processing[J]. *Neuropsychologia*, 2014(56): 289-301.

Tanner, D., Inoue, K. & Osterhout, L. Brain-based individual differences in online L2 grammatical comprehension[J]. *Bilingualism: Language and Cognition*, 2014(17): 277-293.

Tanner, D., McLaughlin, J., Herschensohn, J. & Osterhout, L. Individual differences reveal stages of L2 grammatical acquisition: ERP evidence[J]. *Bilingualism: Language and Cognition*, 2013(16): 367-382.

Tanner, D. On the left anterior negativity (LAN) in electrophysiological studies of morphosyntactic agreement[J]. *Cortex,* 2015(66): 149-155.

Tanner, D., Inoue, K. & Osterhout, L. Brain-based individual differences in on-line L2 grammatical comprehension[J]. *Bilingualism: Language and Cognition*, 2014(17): 277-293.

Tatsuno, Y. & Sakai, K. L. Language-related activations in the left prefrontal regions are differentially modulated by age, proficiency, and task demands[J]. *Journal of Neuroscience*, 2005(25): 1637-1644.

Teplan, M. Fundamentals of EEG Measurement[J]. *Measurement Science Review*, 2002(2): 1-11.

Thompson-Schill, S. L., D'Esposito, M. & Kan, I. P. Effects of repetition and competition on activity in left prefrontal cortex during word generation[J]. *Neuron*, 1999(23): 513-522.

Tokowicz, N. & MacWhinney, B. Implicit and explicit measures of sensitivity to violations in second language grammar: An event-related potential investigation[J]. *Studies in Second Language Acquisition*, 2005, *27*(2): 173-204.

Tolentino, L. C. & Tokowicz, N. Across languages, space, and time: a review of the role of cross-language similarity in L2(morpho) syntactic processing as revealed by fMRI and ERP methods[J]. *Studies in Second Language Acquisition*, 2011(33): 91-125.

Traxler, M. J., Foss, D. J., Seely, R. E., Kaup, B. & Morris, R. K. Priming in sentence processing: Intralexical spreading activation, schemas, and situation models[J]. *Journal of Psycholinguistic Research*, 2000, *29*(6): 581-595.

Tulving, E. What is episodic memory?[J]. *Current Directions in Psychological Science*, 1993(2): 67-70.

Ullman, M. T. & Lovelett, J. Implications of the declarative/procedural model for improving second language learning: The role of memory enhancements techniques[J]. *Second Language Research*, 2018, *34*(1): 39-65.

Ullman, M. T. The neural basis of lexicon and grammar in first and second language: The declarative/procedural model[J]. *Bilingualism: Language and Cognition*, 2001, *4*(1): 105-122.

Ullman, M. T. Contributions of memory circuits to language: The declarative/procedural model[J].

Cognition, 2004(92): 231-270.

Ullman, M. T. "A cognitive neuroscience perspective on second language acquisition: The declarative/procedural model" [M]// C. Sanz. *Mind and Context in Adult Second Language Acquisition: Methods, Theory, and Practice*. Washington: Georgetown University Press, 2005: 141-178.

Ullman, M. T. "The declarative/procedural model: A neurobiologically motivated theory of first and second language"[M]// B. van Patten & J. Williams. *Theories in Second Language Acquisition: An Introduction (2nd ed.)*. New York: Routledge, 2015: 135-158.

Unsworth, N. & Engle, R. W. On the division of short-term and working memory: An examination of simple and complex span and their relation to higher order abilities[J]. *Psychological Bulletin*, 2007(133): 1038-1066.

Unsworth, N. & Spillers, G. J. Working memory capacity: Attention control, secondary memory, or both? A direct test of the dual-component model[J]. *Journal of Memory and Language*, 2010(62): 392-406.

Unsworth, N., Fukuda, K., Awh, E. & Vogel, E. K. Working memory and fluid intelligence: capacity, attention control, and secondary memory retrieval[J]. *Cognitive psychology*, 2014(71): 1-26.

van Assche, E., Drieghe, D., Duyck, W., Welvaert, M. & Hartsuiker, R. J. The influence of semantic constraints on bilingual word recognition during sentence reading[J]. *Journal of Memory and Language*, 2011(64): 88-107.

Van Berkum, J. J. A., Zwitserlood, P., Hagoort, P. & Brown, C. M. When and how do listeners relate a sentence to the wider discourse? Evidence from the N400 effect[J]. *Cognitive Brain Research*, 2003(17): 701-718.

van Berkum, J. J. A., Brown, C. M., Zwitserlood, P., Kooijman, V. & Hagoort, P. Anticipating upcoming words in discourse: Evidence from ERPs and reading times[J]. *Journal of Experimental Psychology: Learning, Memory, and Cognition*, 2005(31): 443-467.

van de Meeredonk, N., Kolk, H. H. J., Chwilla, D. J. & Vissers, C. T. W. M. Monitoring in Language Perception[J]. *Language and Linguistics Compass*, 2009(3): 1211-1224.

van de Meerendonk, N., Kolk, H., Vissers, J. & Chwilla, D. Monitoring in language perception: Mild and strong conflicts elicit different ERP patterns[J]. *Journal of Cognitive Neuroscience*, 2010(22): 67-82.

van Dijk, T. A. & Kintsch, W. *Strategies of Discourse Comprehension*[M]. San Diego: Academic Press, 1983.

van Dyke, J. Interference effects from grammatically unavailable constituents during sentence processing[J]. *Journal of Experimental Psychology: Learning, Memory, and Cognition*, 2007(33): 407-430.

van Dyke, J. & Lewis, R. L. Distinguishing effects of structure and decay on attachment and repair:

a cue-based parsing account of recovery from misanalyzed ambiguities[J]. *Journal of Memory and Language*, 2003(49): 285-316.

van Dyke, J. & Johns, C. Memory interference as a determinant of language comprehension[J]. *Language and Linguistics Compass*, 2012, *6*(4): 193-211.

van Dyke, J., Johns, C. L. & Kukona, A. Low WM capacity is only spuriously related to poor reading comprehension[J]. *Cognition*, 2014(131): 373-403.

van Hell, J. G. & Tokowicz, N. Event-related brain potentials and second language learning: Syntactic processing in late L2 learners at different L2 proficiency levels[J]. *Second Language Research*, 2010, *26*(1): 43-74.

van Herten, M., Kolk, H. H. & Chwilla, D. J. An ERP study of P600 effects elicited by semantic anomalies[J]. *Cognitive Brain Research*, 2005(22): 241-255.

van Herten, M., Chwilla, D. J. & Kolk, H. H. J. When heuristics clash with parsing routines: ERP evidence for conflict monitoring in sentence perception[J]. *Journal of Cognitive Neuroscience*, 2006(18): 1181-1197.

van Hout, R. et al., eds. *The Lexicon–Syntax Interface in Second Language Acquisition*[M]. Amsterdam and Philadelphia: John Benjamins, 2003.

van Petten, C., Coulson, S., Rubin, S., Plante, E. & Parks, M. Timecourse of word identification and semantic integration in spoken language[J]. *Journal of Experimental Psychology: Learning, Memory, and Cognition*, 1999(25): 394-417.

van Petten, C. A comparison of lexical and sentence-level context effects in event-related potentials[J]. *Language and Cognitive Processes*, 1993(8): 485-531.

van Petten, C. & Rheinfelder, H. Conceptual relationships between spoken words and environmental sounds: Event-related brain potential measures[J]. *Neuropsychologia*, 1995(33): 485-508.

van Vugt, M. K., Schulze-Bonhage, A., Litt, B., Brandt, A. & Kahana, M. J. Hippocampal Gamma oscillations increase with memory load[J]. *The Journal of Neuroscience*, 2010, *30*(7): 2694-2699.

Vassileiou, B., Meyer, L., Beese, C. & Friederici, A. D. Alignment of alpha-band desynchronization with syntactic structure predicts successful sentence comprehension[J]. *NeuroImage*, 2018(175): 286-296.

Vos, S. H., Gunter, T. C., Kolk, H. H. & Mulder, G. Working memory constraints on syntactic processing: An electrophysiological investigation[J]. *Psychophysiology*, 2001(38): 41-63.

Vosse, T. & Kempen, G. The unification space implemented as a localist neural net: Predictions and error-tolerance in a constraint-based parser[J]. *Cognitive Neurodynamics*, 2009(3): 331-346.

Wang, S., Allen, R., Fang, S. & Li, P. Cross-modal working memory binding and L1-L2 word learning[J]. *Memory & Cognition*, 2017(45): 1371-1383.

Wang, S., Ditman, T., Choi, A. & Kuperberg, G. R. *The Effects of Task on Processing Real-*

world, Animacy and Syntactically Violated Sentences[C]. Annual Meeting of the Cognitive Neuroscience Society, 2010.

Warren, T. & McConnell, K. Investigating effects of selectional restriction violations and plausibility violation severity on eye-movements in reading[J]. *Psychonomic Bulletin & Review*, 2007(14): 770-775.

Wartenburger, I., Heekeren, H. R., Abutalebi, J., Cappa, S. F., Villringer, A. & Perani, D. Early setting of grammatical processing in the bilingual brain[J]. *Neuron*, 2003(37): 159-170.

Wascher, E., Rasch, B., Sänger, J., Hoffmann, S., Schneider, D., Rinkenauer, G. & Gutberlet, I. Frontal Theta activity reflects distinct aspects of mental fatigue[J]. *Biological Psychology*, 2014, *96*(1): 57-65.

Waters, G. S. & Caplan, D. Processing resource capacity and the comprehension of garden path sentences[J]. *Memory and Cognition*, 1996a(24): 342-355.

Waters, G. S. & Caplan, David. The measurement of verbal working memory capacity and its relation to reading comprehension[J]. *Quarterly Journal of Experimental Psychology: Human Experimental Psychology*, 1996b(49A): 51-79.

Waters, G. S. & Caplan, D. The capacity theory of sentence comprehension: critique of Just and Carpenter (1992)[J]. *Psychological Review*, 1996c(103): 761-772.

Weber-Fox, C., Davis, L. J. & Cuadrado, E. Event-related brain potential markers of high-language proficiency in adults[J]. *Brain and Language*, 2003(85): 231-244.

Weiss, S. et al. Increased neuronal communication accompanying sentence comprehension[J]. *International Journal of Psychophysiology*, 2005(57): 129-141.

Weiss, S. & Mueller, H. M. "Too many betas do not spoil the broth": the role of Beta brain oscillations in language processing[J]. *Frontiers in Psychology*, 2012(3): 201.

Wen, Zhisheng. "Working memory in second language acquisition and processing: The phonological/executive model" [M]// Zhisheng (Edward) Wen, M. B. Mota & A. McNeill. *Working Memory in Second Language Acquisition and Processing*. Bristol: Multilingual Matters, 2015: 41-63.

Wexler, B. E., Stevens, A. A., Bowers, A. A., Sernyak, M. I. & GoldmanRakic, P. S. Word and tone working memory deficits in schizophrenia[J]. *Archives of General Psychiatry*, 1998(55): 1093-1096.

Whitney, C., Kirk, M., O'Sullivan, J., Lambon Ralph, M. A. & Jefferies, E. The neural organization of semantic control: TMS evidence for a distributed network in left inferior frontal and posterior middle temporal gyrus[J]. *Cerebral Cortex*, 2011(21): 1066-1107.

Wray, A. *Formulaic Language and the Lexicon*[M]. Cambridge: Cambridge University Press, 2002.

Xu, B., Grafman, J., Gaillard, W., Ishii, K., Vega-Bermudez, F., Pietrini, P., Reeves-Tyler, P., DiCamillo, P. & Theodore, W. Conjoint and extended neural networks for the computation of speech codes: the neural basis of selective impairment in reading words and pseudowords[J]. *Cerebral Cortex*, 2001, *11*(3): 267-277.

Yokoyama, S., Okamoto, H., Miyamoto, T., Yoshimoto, K., Kim, J., Iwata, K., Jeong, H., Uchida, S., Ikuta, N., Sassa, Y., Nakamura, W., Horie, K., Sato, S. & Kawashima, R. Cortical activation in the processing of passive sentences in L1 and L2: An fMRI study[J]. *NeuroImage*, 2006(30): 570-579.

Zhang, W. & Ding, N. Time-domain analysis of neural tracking of hierarchical linguistic structures[J]. *NeuroImage*, 2016(146): 333-340.

Zheng, Xiaochen & Lemhofer, K. The "semantic P600" in second language processing: when syntax conflicts with semantics[J]. *Neuropsychologia*, 2019(127): 131-147.

Zwaan, R. A. Situation models, mental simulations, and abstract concepts in discourse comprehension[J]. *Psychonomic Bulletin & Review*, 2016(23): 1028-1034.

Michael S. G., Richard B. I. & George R. M. 认知神经科学——关于心智的生物学 [M]. 周晓林, 高定国, 等译. 北京: 中国轻工业出版社, 2011.

卞京, 张辉. 神经语言学视角下句子加工的个体差异研究及其展望 [J]. 外语教学, 2021, 3 (42): 22-27。

李霄翔, 季月. 句子加工的 ERP 研究: 理论与研究进展 [J]. 中国外语, 2014, 5 (11): 25-32.

王初明. 应用心理语言学 [M]. 长沙: 湖南教育出版社, 1990.

王甦, 汪安圣. 认知心理学(重排本) [M]. 北京: 北京大学出版社, 1992.

杨玉芳. 心理语言学 [M]. 北京: 科学出版社, 2015.

张辉. 运用神经科学方法探寻二语习得的影响因素与瓶颈效应 [J]. 中国外语, 2017, 2 (14): 14-19.

张辉. 二语学习者句法加工的 ERP 研究 [J]. 解放军外国语学院学报, 2014, 37 (1): 88-99.

朱滢. 实验心理学 [M]. 第四版. 北京: 北京大学出版社, 2016.